Frauenoffensive
aktuell

Lydia Willkop (Hg.)

# Die Hüter der Ordnung

## Aus den Einrichtungen des Patriarchats

Frauenoffensive
aktuell

1. Auflage, 1988

(Kellerstr. 39, 8000 München 80)
ISBN 3–88104–175–3
FotoSatz: Sylvia Seyfried, München
Druck: Clausen & Bosse, Leck
Umschlaggestaltung: Elisabeth Petersen, Netterndorf

INHALT

# VORWORT

ALL ANIMALS ARE EQUAL
BUT SOME ANIMALS ARE MORE
EQUAL THAN OTHERS.
George Orwell,
„Animal Farm“

Ein Schlagwort wird dieser Tage herumgereicht, in erster Linie von Frauen an Männer, die indes entrüstet bis angewidert die Annahme verweigern: das Wort Gleichstellung. Gemeint ist natürlich, nach Recht und Gesetz, die Gleichstellung der Frau mit dem Mann, weil es andersherum gemeinhin noch widernatürlich schiene. Dieses nichtssagende Wort vermag Köpfe und Geister überall dort zu verwirren, wo es bisher nach landläufiger Sprachregelung eher normal zuzugehen pflegte. Überall dort nämlich, wo sich die Herren fast oder völlig unter sich wissen durften, wo sie ihre Differenzen untereinander hart, aber sachlich zu diskutieren wähnten und ihr Gegenüber schon qua Geschlecht akzeptieren konnten: in Experten- und Ministerrunden, auf Abgeordneten- und Richtersitzen, in Chefarzt- und Aufsichtsratssesseln, am Redaktions- und Referentenschreibtisch, auf Lehr- und Kirchenstühlen etc.

Bei dem schlimmen Wort Gleichstellung zucken die Herren zusammen. Der Kavalier und Frauenkenner rückt zwar in Gesellschaft einer Dame vielleicht noch höflich den Stuhl, doch daß er einer Frau in der Gesellschaft seinen Sitzplatz frei machen könnte oder sollte – das ginge denn doch zu weit. Männer haben sich ihre Positionen und Institutionen nicht dazu erschaffen, daß sie am Ende nichts mehr wert sind.

Frauen, sofern sie eigenständig denken, haben eine weniger hohe Meinung von Männern, als sie Männer gewöhnlich von sich haben. Sie nehmen die Sache daher auch weniger verbiestert als diejenigen, die ihre natürliche Ordnung in Gefahr sehen. Zwar meinen Frauen es ernst mit der Forderung nach ihrer Hälfte an Rechten und Pflichten in einer Gesellschaft, die sich demokratisch nennt. Aber wenn mann ihnen zuhören würde und sie ausreden ließe, meinen sie damit noch längst nicht, daß sie auf der gleichen Stelle treten wollten wie Männer, sich mit seinesgleichen unbedenklich auf die gleiche Stufe stellen wollten. So beeindruckt sind Frauen weder von der Hinterlassenschaft derer, die es sich auf dem Hochsitz ihrer Privilegien und Errungenschaften bequem gemacht haben, noch von deren eigentümlicher Logik, erst recht nicht vom Gehabe des maskulinen Dominier- und Imponier-Prachtexemplars Homo sapiens.

Nach Lage der Dinge könnte demnach das Wort Gleichstellung eher als Männerwitz vom Stammtisch gefallen sein: Frauen am Hochofen – zum Lachen! Männer als Gebärväter – zum Totlachen! Wobei Männerwitze heute nur noch die komisch finden können, die im andressierten Kinderglauben ans Bewundernsollen alles Männlichen steckengeblieben sind – unter ihnen leider auch eine nicht wegzuleugnende Anzahl Frauen.

Gerade weil der Begriff Gleichstellung von Begriffsstutzigen falsch ausgelegt und in der Defensive verdreht und gewendet wird, stört es uns Frauen immer mehr, daß sich überall dort, wo wir Platz brauchen, noch die Begriffsstutzer rekeln, die alles besser zu wissen und besser zu können behaupten.

Es wird uns deshalb, während wir uns ans Abräumen der Sitzgarnituren machen – wie Männerängsten zufolge schon

„massenhaft“ in Justiz und Stadtparlamenten geschehen –, ein Vergnügen sein, so nebenbei die Ungereimtheiten und Unordnungen der herrschenden Kaste von gestern bloßzulegen, ihre Mitglieder (samt deren Steigbügelhalterinnen) nicht ernster zu nehmen, als sie's verdienen.

München, im Dezember 1987 Lydia Willkop

# DIE NATÜRLICHE ORDNUNG ALS GLAUBENSLEHRE

Erika Wisselinck

# DIE SCHÖNEN WORTE DER HÜTER DES GLAUBENS

## Wie die katholische Kirche mit der Frauenfrage umgeht

„Wir müßten nur aufhören, die Madonna zu verehren im Himmel und die Frauen, die es auf Erden gibt, zu verachten" – erstaunliche Worte, anläßlich Mariä Himmelfahrt 1987 im ZDF geäußert. Hat sich die Kirche mit Siebenmeilenstiefeln auf ein neues Bewußtsein in puncto Frauen zubewegt? Der solches in einer kirchlichen Sendung sprach, war Dr. Eugen Drewermann, Psychoanalytiker und Theologe. Hätte er das „wir" noch deutlicher definiert, nämlich als „wir Männer", wäre seine Einsicht perfekt. Nur sollten wir Frauen uns hüten, sie als Ansicht der Institution Kirche zu werten. Drewermann gehört zu denen, die ich die „Hofnarren" nenne, die wie Satelliten ihre jeweilige Kirche umkreisen und Narrenfreiheit haben: christliche Schriftsteller und Dichter, Psychologen, „progressive" Theologen (diese nur mit Maßen). Sie dürfen ungeschoren Dinge äußern, die, gemessen an der herrschenden Dogmatik, „kühn" zu nennen sind. Ihre Kirche rechnet damit, daß auf diese Weise nachdenkliche, kritische Menschen, „wenn so etwas doch möglich ist", noch an sie gebunden bleiben, ohne zu durchschauen, wie wenig solche Ansichten als Lehrmeinungen je eine Chance hätten. Oder sie erkennen auch dies, sehen aber die politische Tragweite dieser Erkenntnis nicht. Das gilt besonders für Frauen, die immer noch auf Wandlung auch des dogmatisch harten Kerns ihrer Kirche hoffen, obgleich eine solche Entwicklung, zu Ende gedacht, das christliche Dogma in seiner heutigen Form abschaffen würde.

Die Kirche – in diesem Fall die katholische – ist klug und hat einen langen Atem. Selbst Ketzer sind nützliche Hofnarren; so blieb Hans Küng, dem seine Kirche die Lehrerlaubnis entzog, weiter an der Universität Tübingen beschäftigt und konnte mit dem Geld der Volkswagenstiftung das Forschungsprojekt „Frau und Christentum“ aufziehen. Auch da sagten progressive Christ/inn/en hoffnungsvoll wie weiland der Monaco-Franze: „Seht – a bissel was geht immer!“ Hier machte allerdings die kluge, hochgelehrte, in Harvard mit Auszeichnung promovierte Bernadette Brooten einen Strich durch die Rechnung, als sie ihren Forschungsauftrag über die Stellung der Frau in den frühchristlichen Jahrhunderten auf die Fragestellung konzentrieren wollte, wie zu jener Zeit die Beziehungen der Frauen untereinander waren. Das ging selbst dem „Ketzer“ Küng zu weit. In diesem Punkt noch ganz Sohn seiner Kirche, konnte er eine so unanständige Fragestellung wie Frauenbeziehungen nicht zulassen. Bernadette lehrt heute in Harvard, nicht ohne daß deutsche Professoren versucht hätten, ihre Berufung dorthin zu hintertreiben. Auch die Narrenfreiheit hat also durchaus ihre Grenzen.

Für die Dogmatiker der katholischen Kirche und damit ihre Hierarchie gilt, was Drewermann so formuliert: „Eigentümlich: Die letzten 150 Jahre haben der Welt eine geradezu explosionsartige Entwicklung auf allen Gebieten beschert; die katholische Kirche aber hat darauf in ihren letztverbindlichen Lehrentscheidungen nur mit der Lehre von der Unfehlbarkeit des Papstes sowie mit den großen mariologischen Dogmen von der Unbefleckten Empfängnis Mariens (1854) und der leiblichen Aufnahme der Gottesmutter in den Himmel (1950) geantwortet.“[1] Das gibt in der Tat zu denken – besonders uns Frauen. Mary Daly meint, das Dogma von 1854 sei eine Reaktion auf die erste Welle der Frauenbewegung (die in den USA mit der historischen Erklärung von Seneca Falls 1848 eine breite Öffentlichkeit erreichte), und das Dogma von 1950 wäre dann eine vorweggenommene Reaktion auf die sich anbahnende neue Welle des Feminismus; Beauvoirs *Le Deuxième Sexe* war schließlich in den vierziger Jahren erschienen, und es war wohl absehbar, daß sich die Frauen nach dem 2. Weltkrieg nicht wieder so anstandslos in ihre vom Patriarchat zugewiesene Rolle fügen würden. Ich halte Dalys Vermutung angesichts der Tatsache, daß alle politisch-geistigen Stimmungen und Strömungen im Vatikan mit seismographischer Präzision registriert zu werden scheinen, für durchaus plausibel (die protestantische Kirche ist da blauäugiger und langsamer). In dieser Weise ernst genommen zu werden – nämlich mit bedeutsamen dogmatischen Reaktionen – könnte uns zeigen, für wie gefährlich und damit machtvoll unsere Bewegung gehalten wird, auch wenn wir selbst manchmal daran zweifeln...

## Alte Hüte oder aktueller Einfluß?

Es gibt namhafte Feministinnen, die es für einen ausgemachten Schmarren halten, sich mit derartigen alten Kirchengeschichten überhaupt zu befassen. Ich hingegen halte eine solche Einstellung für äußerst kurzsichtig und vor allem für unpolitisch. Denn wie stark das reale Leben von Frauen heute (ganz gleich, ob sie noch in der Kirche oder ausgetreten oder welcher Konfession sie sind) von kirchlichen Lehrmeinungen beeinflußt wird, liegt doch auf der Hand: von der Schwierigkeit, in unserem Land eine Abtreibung zu bekommen, und wenn, dann nur unter großen Demütigungen, und dem kirchlichen Jein zur Gentechnologie in den hochindustrialisierten Ländern bis zu den „Missions"reisen des Papstes in die sogenannte Dritte Welt, wo er einen Kinder„segen" herbeipredigt, von dem ein großer Teil das Schicksal des Verhungerns erleiden wird. Unsere abendländische Kultur ist bis in ihre säkularisiertesten Verästelungen traditionell eine christliche, da führt kein Weg dran vorbei. Noch der Kirchenfernste kennt beispielsweise irgendeinen dummen Spruch von Eva und dem Apfel, der Schlange oder der Rippe. Niemand – weder Frau noch Mann – kann von sich behaupten, von diesen alten Schuldzuweisungen, die als Frauenverachtung in unser Alltagsleben eingegangen sind, nicht mehr betroffen zu sein. Ihre Macht üben die Kirchen heute weniger von der Kanzel als in den politischen Gremien aus, in die sie stets, wenn es um ethische Fragen geht, berufen werden (siehe wiederum Gentechnologie und Embryonenforschung).

Es ist daher für uns keineswegs unwichtig, wie sich die neuen Mariendogmen auf die Auffassungen über Frauen ausgewirkt haben und nach wie vor auswirken. Und das Beispiel zweier sehr unterschiedlicher Männer, die beide durchaus nicht im Verdacht stehen, der katholischen Kirche verbunden zu sein, die jedoch für viele Menschen geistige Mentoren sind, zeigt, in welch weite Bereiche solche Lehrentscheidungen ausstrahlen. Der große jüdische Gelehrte Schalom Ben-Chorin meint, mit dem letzten Mariendogma werde „etwas überaus Zeitgemäßes" erreicht: „die religiöse, theologische, heilsgeschichtliche Emanzipation der Frau".[2] Und der Tiefenpsychologe C. G. Jung glaubte ebenfalls, daß der Zeitpunkt günstig gewählt sei: „Die Gleichberechtigung verlangt aber ihre metaphysische Verankerung in der Gestalt einer 'göttlichen' Frau, der Braut Christi... Das Weibliche verlangt eine ebenso personhafte Verankerung wie das Männliche."[3] Volle Anerkennung auf der ganzen Linie also! Frauen gehen dem jedoch auch bei nicht-kirchlichen Männern nicht mehr auf den Leim. Schalom Ben-Chorin formuliert – ob in patriarchaler Zustimmung oder lediglich in Einfühlung in die katholische Dogmatik, läßt der Text nicht erkennen – den Punkt, an dem unsere Fragen einsetzen. Er versucht nämlich zu widerlegen, daß die Vorstellung von der reinen Jungfrau, die zugleich reine Mutter ist, aus männlichem Wunschdenken geboren sein könnte. Er meint, dieser Mythos habe „eine besondere Anziehungskraft auf das weibliche Geschlecht“, eben „*weil* er eine Emanation männlichen Wunschdenkens ist. Die Frau ist beglückt von dieser überhöhten Sicht des Weibes und identifiziert sich mit diesem Mythos. Sie ... fühlt ... den Abglanz dieser Glorie auf ihrer eigenen, gebrochenen und problematischen Existenz.“[4] Genau darum geht es. Lassen sich Frauen noch von „überhöhten Sichten“ beglücken? Lassen sie sich noch von Männern und ihren Dogmen einreden, ihre Existenz sei an sich gebrochen und problematisch und müsse deshalb aufgewertet werden? Wir haben gelernt, auch solche scheinbar positiven Zuweisungen als von männlichen Beherrschungswünschen diktiert zu durchschauen.

## Die Doppelbotschaft

Worum geht es bei den beiden Dogmen im einzelnen? Das Dogma von der Unbefleckten Empfängnis wird landläufig häufig als die Bestätigung der jungfräulichen Mutterschaft Mariens angesehen. Es besagt jedoch etwas ganz anderes, ist ein viel raffinierterer Schachzug, dazu weit weniger vermittelbar als die Erscheinung des verkündigenden Engels, die ja – siehe Renaissance-Malerei – durchaus ihre ästhetischen Seiten hat. Die Unbefleckte Empfängnis hingegen ist kaum malerisch darstellbar. Die Absicht des Dogmas ist, bereits Maria als im Mutterleib unbefleckt zu proklamieren. Zwar ist nach der Legende auch der hl. Anna, Marias Mutter, ein Engel erschienen, der ihr in Abwesenheit ihres Mannes ein Kind ankündigt, doch das war den Dogmatikern wohlweislich zu heikel, denn dann hätte man ja logischerweise die Unbeflecktheit – analog zu der russischen Puppe in der Puppe in der Puppe – bis zur ersten Menschenmutter Eva zurückverfolgen müssen, und die

Erbsünde wäre beim Teufel oder, vielleicht besser, bei des Teufels Großmutter. Nein, es mußte ein unbegreiflicher, geheimnisvoller Gnadenakt erfunden werden, mit dem Gott die durchaus fleischlich empfangene Maria sofort nach dem Zeugungsakt im Mutterleib von aller Erbsünde befreite – ein göttlich-gynäkologischer Eingriff, an den zu glauben den Menschen im beginnenden Industriezeitalter zugemutet wurde. Knapp hundert Jahre später dann Mariä Himmelfahrt: Das im Deutschen allgemein gebräuchliche Wort „Himmelfahrt" täuscht darüber hinweg, daß Mutter und Sohn ihre Flugreise unter völlig unterschiedlichen Bedingungen antraten. Das lateinische Wort für Himmelfahrt Christi ist *ascensio*, das heißt, er ist mit eigener Antriebskraft emporgestiegen. Marias Himmelfahrt hingegen ist *assumptio*, der dogmatisch korrekte Ausdruck lautet „leibliche Aufnahme Mariens in den Himmel", das heißt, sie blieb passiv, wurde aufgenommen, hinangezogen.

Beide Dogmen bezwecken eine Erhöhung Mariens. Nun sitzt sie, vorgeburtlich von aller Erbsünde gereinigt, zur Linken Gottes, ein morganatisches Verhältnis. Doch wie wurde dies ins Werk gesetzt, und wurden mit Maria nun auch die befleckten, immer noch sündhaften Erdenfrauen erhöht? Oder wollte man diese, qua Erhöhung ihrer himmlischen Identifikationsfigur, nur noch fester an die Kandare bekommen? Mißt die Institution Maria und damit den Frauen als Person wirklich eine neue, selbständigere Stellung zu?

Auskunft darüber geben Texte, die Kirchenmänner zur hundertsten Wiederkehr des Dogmas der Unbefleckten Empfängnis schrieben. Im Gegensatz zu ihren schwülstigen Lobpreisungen – Maria als die Morgenröte, Marias Seele ein Kristall im hellsten Sonnenschein[5], das Dogma als „herrlicher Edelstein in der strahlenden Krone, die kindliche Frömmigkeit und ernster Christusglaube seit Jahrhunderten für Maria geschmiedet hat"[6] – ist der harte Kern ihrer Aussage eindeutig:

Maria wird als Gegenbild zur sündigen Eva gesehen, sie ist die sündenfreie neue Eva, die Mutter des neuen Adam, Christus. Sie wird stets ausschließlich von ihrem Sohn her, also nur in ihrer Eigenschaft als Mutter bestimmt: „Den Anstoß dazu gab der heilige Augustinus, als er sagte: 'Wenn von Sünden die Rede ist, dann will ich durchaus nicht, daß auch nur irgendwie Maria dabei in Frage kommt, und zwar wegen der Ehre des Herrn.' Es ist eine ganz richtige Empfindung, daß die Ehre, die dem Sohn gebührt, es nicht verträgt, daß ein Schatten von Sünde auf die Mutter fällt. Die Ehre des Sohnes fordert die Ehre der Mutter!"[7] Maria wird also nicht etwa um ihrer selbst willen geehrt. Auch wird bei der Sündenlosigkeit von Mutter und Sohn ein präziser Unterschied gemacht: „Das Wort 'bewahrt' ist in der Lehrentscheidung deswegen gewählt worden, um Mariens Stellung klar von derjenigen unseres Herrn abzugrenzen. Der Gottmensch Jesus Christus hatte die Erbschuld auch nicht, aber nicht deswegen, weil er wie Maria davor bewahrt worden wäre, sondern weil er seiner inneren Natur nach davon frei war. Bei ihm handelt es sich also um ein Freisein, nicht um ein Bewahrtwerden."[8] Beide Dogmen behandeln demnach Maria als passives Objekt, sie wird „hinangezogen" und „bewahrt", an keiner Stelle wird ihr ein Funken Eigenständigkeit oder Handlungsspielraum zugesprochen, vielmehr wird ihre „dienende Demut", ihr „Magdsein" besonders betont. In einer verhängnisvollen Doppelbotschaft ergänzen sich Glorifizierung und eindringliche Verweisung in die nachgeordnete Rolle. So gesehen eigentlich eine sehr klare Anweisung für die Erdenfrauen: Wenn ihr in der Rolle bleibt, dann werdet ihr erhöht werden!

Heute hat nun der Feminismus auch die Kirchenfrauen erreicht: In beiden Konfessionen rebellieren sie gegen den Patriarchalismus in den kirchlichen Institutionen. Hat das die Kirchenoberen dazu gebracht, die in den Mariendogmen niedergelegte Einstellung zu revidieren? Schauen wir uns jüngste Verlautbarungen des Papstes und führender Kirchenmänner darauf hin an:

Zum UNO-Weltfrauenkongreß 1975 sandte der Papst eine Grußbotschaft:

„Wir wünschen einen Fortschritt für die Funktion der Frau in Beruf und Gesellschaft, jedoch muß die Würde und die Mission der Frau gewahrt bleiben. Gott hat sie zur empfindsamen Tochter, zur starken und reinen Jungfrau, zur liebenden Ehefrau und besonders zur heiligen und würdevollen Mutter und schließlich zur frommen, arbeitsamen Witwe bestimmt."

Jede dieser Rollenbezeichnungen definiert die Frau im Verhältnis zum Mann: Die Tochter wurde von einem gezeugt, die Jungfrau noch von keinem berührt, die Ehefrau hat einem zur Verfügung zu stehen und ihn zu umsorgen, die Mutter wurde von einem geschwängert, die Witwe hat einen gehabt. Dem ist nichts mehr hinzuzufügen.

Papst Johannes Paul II. erklärte das Jahr 1987 zum Marianischen Jahr. Er begründete das mit dem „Blick auf das bereits nahe Jahr 2000, in dem das zweitausendjährige Jubiläum der Geburt Christi unsere Augen zugleich auf seine Mutter lenkt".[9] Auch wenn es nicht möglich sei, so der Papst, das Datum der Geburt Mariens genau festzustellen, so sei sich die Kirche doch „stets bewußt, daß Maria vor Christus am Horizont der Heilsgeschichte erschienen ist". Hier wenigstens wird die biologische Plausibilität gewahrt: Dreizehnjährig hat demnach Maria ihren Sohn geboren, im Orient durchaus vorstellbar. Häxen[10] und Weise Frauen hingegen halten es für keinen

Zufall, daß ausgerechnet das Jahr der fünfhundertsten Wiederkehr der Erstveröffentlichung des *Hexenhammer*, jenes grausamen, von zwei Inquisitoren verfaßten Verfolgungs- und Gerichtsbuches, das, durch eine päpstliche Bulle abgesegnet, Grundlage für die Hexenverfolgungen in Europa wurde, zum Marianischen Jahr erklärt wurde. In bezug auf jene beiden Autoren durchaus passend: Sie waren glühende Marienverehrer. Es gibt viele Anzeichen dafür, daß den Kirchen, auch wenn sie sich kaum öffentlich dazu äußerten, die Suche der Frauen nach ihren historischen Wurzeln und in diesem Zusammenhang die intensive Beschäftigung mit der Geschichte der Hexenverfolgungen durchaus ein Dorn im Auge ist. Eindeutig war hier Kardinal Höffner, der wohl im Vorfeld des Papstbesuches in der BRD 1987 von den Aktivitäten von Frauen erfahren hatte, die in Briefen an den Papst, in Erklärungen und in Aktionen an den Besuchsorten auf dieses „Jubiläum" hinweisen wollten (und dies dann auch taten). Auf einer Pressekonferenz in Bonn sagte Höffner, er hoffe, der Papstbesuch werde bei uns friedlicher verlaufen als in Chile. Allerdings wollten „*einige* mit dem Müllwagen durch die Kirchengeschichte fahren und Skandale und Hexenprozesse aufwärmen". Diesen Kritiker/inne/n empfahl er, Rosenbergs *Mythos des 20. Jahrhunderts* oder den *Stürmer* (Kampfblatt der SA) oder *Das Schwarze Korps* (Kampfblatt der SS) zu lesen, dort würden wir auch die einschlägigen Karikaturen finden. Eine seit jüngstem beliebte Methode: Ob Heiner Geißler den Pazifisten die Schuld an Auschwitz gibt oder Helmut Kohl Gorbatschow mit Goebbels vergleicht, die Keule Faschismusvorwurf liegt stets locker in der Hand. (Und der Vergleich Auschwitz–Abtreibung ist in kirchlichen Kreisen schon lange beliebt.) Daß die Kirchen vielleicht die Frauen in der Frage Hexenverfolgungen ernst nehmen und sich endlich einmal zu dieser ihrer historischen Schuld äußern könnten, erwies sich als leere Hoffnung. Wenn Höffner Hexenprozesse und Skandale in einem Atemzug nennt, so spielt er damit geschickt die Hexenverfolgungen herunter, indem er ihnen den Anschein eines zwar peinlichen, jedoch nicht weiter erwähnenswerten „Ausrutschers" verleiht, und macht im übrigen sehr deutlich, daß wir jede auch noch so berechtigte Kritik an der Kirche zu unterlassen haben – Naziweiber, alle miteinander.

## Frei und tätig?

Auch die am 25.3.1987 veröffentlichte Enzyklika Johannes Pauls II. zum Marianischen Jahr bringt keine neuen Aspekte. Sie faßt alle bisherigen mariologischen Grundsätze zusammen und betont besonders, daß Maria „der Kirche auf ihrem Pilgerweg durch die Geschichte der Menschheit ständig 'vorangeht'".[11] Ein Bild, das an die Schechina erinnert, die dem wandernden jüdischen Gottesvolk voranschreitet. Doch ganz anders als jene, die als Geistwesen voller Weisheit ihre Anhänger/innen be-geistet, „möchte (Maria) auch immer und überall seine (des Gottvaters) demütige Magd bleiben". Was das für die Erdenfrauen bedeutet, formuliert der Heilige Vater aufs deutlichste: Die Frau entdecke „durch den Blick auf Maria dort das Geheimnis ..., wie sie ihr Frausein würdig leben und ihre wahre Entfaltung bewirken kann". Und wie sieht diese Entfaltung aus? Weibliche Tugenden werden aufgezählt: „vorbehaltlose Hingabe der Liebe; eine Kraft, die größte Schmerzen zu ertragen vermag; grenzenlose Treue und unermüdlicher Einsatz; die Fähigkeit, tiefe Einsichten mit Worten des Trostes und der Ermutigung zu verbinden". Schöne Worte – doch wir wissen, daß die Zuschreibung derartiger „erhabener" Eigenschaften an die Frauen nur vordergründig „positiv" ist. Vielmehr wird damit den Männern seit langem ermöglicht, ihren harten, schmutzigen Geschäften wie Krieg, Ausbeutung und Kolonialisierung anderer, Zerstörung von Menschen und

Natur nachzugehen und dabei sicher zu sein, daß die andere Hälfte der Menschheit mit Hilfe jener ethischen Qualitäten ein gewisses Gleichgewicht herstellen und überhaupt den ganzen Laden zusammenhalten würde, der ohne den „unermüdlichen Einsatz" der Frauen längst sich selbst zerstört hätte. Daher schickt der Papst dieser Aufzählung von Tugenden denn auch die Glorifizierung voraus: „Im Licht Marias erblickt die Kirche auf dem Antlitz der Frau den Glanz einer Schönheit, die die höchsten Gefühle widerspiegelt, deren das menschliche Herz fähig ist." Der Papst sagt nichts darüber, ob sich nicht auch das männliche Herz vielleicht mal derartig hohe Gefühle aneignen könnte, er sagt überhaupt nicht, was Maria den Männern zu sagen haben könnte. Nein, die Frauen gilt es bei der Stange zu halten, ihnen wird Honig um den Mund geschmiert: „Das Wesen der Frau enthält ein besonderes Band zur Mutter des Erlösers..., (weil) Maria schon allein dadurch die Frau als solche ins Licht stellt, daß sich Gott im erhabenen Geschehen der Menschwerdung seines Sohnes dem freien und tätigen Dienst einer Frau anvertraut hat."

Inwieweit war dieser Dienst „frei"? Hätte Maria sich freiwillig melden können? Hätte sie sich verweigern, hätte sie zu dem verkündenden Engel sagen können: Nein, ich will dieses Kind nicht? War sie „tätig" oder nicht vielmehr, wie in jahrhundertealter dogmatischer Überlieferung, ein passives Gefäß (eine Vorstellung, die auf alle Frauen bezogen wurde, da mann im Patriarchat bis zum Beweis des Gegenteils durch die moderne Naturwissenschaft stets behauptete, im männlichen Samen sei alles für das neue Lebewesen Notwendige enthalten, die Frau sei nicht mehr als ein besserer Brutkasten)? Mögen die Wörter „frei" und „tätig" der Bewußtseinslage heutiger Frauen entsprechen, der Aussagegehalt katholischer Überlieferung, das „Fiat mihi" (mir geschehe), wird dadurch nicht berührt. Und wem sonst hätte Gott, wenn er denn schon seinen Sohn als Menschen auf die Erde kommen lassen wollte, dies anvertrauen können als einer Frau? Selbst bei In-vitro-Fertilisationen braucht es immer noch eine, die das Kind dann austrägt.

*Tagesschau* 22.9.1987. Der Mainzer Bischof Karl Lehmann ist gerade als Nachfolger von Kardinal Höffner zum Vorsitzenden der Deutschen Bischofskonferenz gewählt worden. Im Bild die hochmögenden geistlichen Herren, dazu der Sprechertext über Lehmann: In Fragen wie Abtreibung, künstliche Befruchtung, Frauen verträte er die gleiche Linie wie sein Vorgänger. Dann ohne Übergang ein kurzer Interviewschnipsel; Lehmann, voll im Bild, sagt: „In den Frauenkonventen muß heute die Wahl der Äbtissin durch einen Mann geleitet werden. Das könnte man ändern." Dies war sicher eine unfreiwillige kabarettistische Einlage der *Tagesschau*, bedingt durch den Zwang, eine aktuelle Entwicklung noch rechtzeitig in die Sendung zu bringen. Der Eindruck, das Frauenprogramm des Bischofs bestünde lediglich in der Rücknahme einer Regelung in den Frauenklöstern, die erst nach der Jahrtausendwende, im Zuge der Reglementierung der Klosterfrauen durch körperverhüllende Tracht, Klausurregel und männliche Vorherrschaft eingeführt wurde, ist sicher falsch. Auch hat sich der neue Oberhirte der bundesdeutschen Katholiken bestimmt mehr Gedanken über die Rolle der Frau gemacht als sein Vorgänger. Es lohnt sich, diese zu analysieren.

## Ein neuer Ansatz?

Die Herder-Korrespondenz druckte 1987 einen Aufsatz aus seiner Feder: „Das Bild der Frau – Versuch einer anthropologisch-theologischen Standortbestimmung"[12], die überarbeitete Fassung eines Vortrags, den er im Februar des gleichen Jahres vor der Arbeitsgemeinschaft Katholischer Frauenverbände und -gruppen gehalten hatte. Die skeptische Leserin kommt ins Staunen, sie findet Formulierungen wie: „Viele Unterschiede, die man früher zur 'Natur' gerechnet hat, gelten nun als soziale und psychologische Aspekte eines konkreten Rollenverhaltens." Oder: „Man muß Verständnis dafür haben, daß viele Frauen heute allergisch reagieren oder wenigstens sehr sensibel sind, wenn ihnen solche Rollen als 'naturgegebene' Anlagen zudiktiert werden und sich entsprechende Erwartungen einstellen." Und zu Aristoteles' Bild von der Frau als mißglücktem Mann: „Man kann die daraus entstandenen Diskriminierungen nur aufs höchste bedauern." (Den großen Kirchenlehrer Thomas von Aquin, der dieses Denken übernommen und in die katholische Theologie eingeführt hat, erwähnt Lehmann allerdings hier nicht.) „Besonders die Aussagen über die Hingebungsfähigkeit und die Dienstbereitschaft der Frau müssen sorgfältig davor bewahrt werden, daß sie unter der Hand und in subtiler Form von einer impliziten Subordinationshypothese geleitet werden. In vulgärer Form dürfte diese Vorstellung bei sehr vielen Männern dominieren." Zur Absicht feministischer Theologinnen notiert er: „Das zur reinen Opfer- und Dienstbereitschaft verfälschte 'offizielle' Marienbild soll radikal verändert werden..." (doch hält auch er „die Jungfrau und Mutter Maria" wegen ihrer „unbedingten Hingabe" für „die Vollendung des Weiblichen"). Von den Theologen fordert er: „Wer als Theologe nicht zuerst überzeugend der Kategorie 'Unterordnung' mit allen Konsequenzen abschwört, kann kein glaubwürdiger Verfechter einer anderen Antwort sein. Nur wenn von vornherein offenkundig ist, daß gleiche Würde und uneingeschränkte Ebenbürtigkeit für Mann und Frau festgehalten werden..." (aber von einer möglichen Priesterschaft von Frauen kein Wort). Und: „Die Frauenbewegung ist.... die radikalste politische Bewegung zur Befreiung des Menschen."

Ich zitiere so ausführlich, weil ich mir denken kann, daß solche Worte Balsam für die Seele vieler Kirchen- und anderer

Frauen sind, die seit Jahren erfolglos gegen alte Bilder anrennen. Wir sollten uns von derartigen Aussagen und von unserer Verblüffung (der Mann hat ja feministische Schriften gelesen!) nicht den Blick dafür vernebeln lassen, was sein Text letzten Endes aussagt.

Eine tiefere Analyse des Lehmannschen Textes soll drei Punkten gelten: seiner Sprache, seiner Ursachenforschung und seinen unter „Antworten aus der Sicht christlicher Anthropologie" vorgetragenen Schlußfolgerungen.

## Sprache

Seine Sprache: Er bedient sich vornehmlich der bei Bürokraten und Wissenschaftlern beliebten Form der Passivkonstruktionen. „Das Modell einer abstrakten Gleichheit ... lehnt jede Hervorhebung von wesentlichen Unterschieden ... ab." Ein Modell lehnt ab? Passivkonstruktionen bei wesentlichen Aussagen sind stets verräterisch, wir müssen in solchen Fällen die alte politische Frage stellen: *Wer* tut *was* in *wessen Interesse* mit *welchen Mitteln* zu *welchem Zweck?* Wenn Lehmann verschiedene in der Gesellschaft diskutierte „Modelle" der Geschlechtsrollenbestimmung aufzeigt, so wäre das eigentlich nur sinnvoll, wenn er dazusagen würde, wer diese Modelle in wessen und mit welchem Interesse entworfen hat. Geradezu klassisch ist die folgende Passivkonstruktion, weil Lehmann dabei so peinlich jede konkrete Aussage umgeht. Er fragt, wie das (neue) Selbstbewußtsein der Frau denn inhaltlich beschaffen sei: „Gerade bei der neuen Identitätssuche der Frau und beim Versuch der Verbesserung ihrer realen Lebensbedingungen läßt sich die Beantwortung dieses Problems nicht umgehen, wie denn *innerhalb* des neu zu findenden Menschseins die Geschlechterrollen sich zueinander verhalten." Abstrakter geht es wohl nicht. Interpretieren wir: Neues Menschsein für die Frau o.k., *aber* wo bleiben denn da die Männer? Oder: Frauen, Selbstbewußtsein schön und gut, *aber* vergeßt darüber nie, daß ihr Geschlechtswesen seid! (Eine „Beantwortung des Problems“ der Geschlechterrollen ist, wie wir noch sehen werden, offensichtlich Lehmanns wichtigstes Anliegen.)

Wird nicht gefragt oder gesagt, wer was in wessen oder aus welchem Interesse tat oder tut, dann findet keine Ursachenforschung statt. Die eingangs zitierten, in den Ohren von Frauen so wohltätig klingenden Formulierungen legen sich wie eine glatte, schmiegsame Vordergrundfolie über Schründe und Abgründe, ohne das, was sich seit Jahrhunderten an Frauenhaß und Frauenfeindschaft angesammelt hat, wirklich beim Namen zu nennen. Die Rolle der christlichen Kirche als einer entscheidenden Verursacherin der Abwertung der Frau im abendländischen Denken modifiziert Lehmann auf geradezu phantastische Weise. Nach Zitierung jener berühmten Paulusworte „... nicht Mann, nicht Frau ...“ meint er: „Freilich zeigt sich bereits vom Neuen Testament an durch die ganze Geschichte der Kirche ein Ringen zwischen der Anerkennung der Ebenbürtigkeit und der Hinnahme der geschichtlichen Situation von Unterdrückung und Unterordnung.“ Abgesehen davon, daß Lehmann mit der Passivkonstruktion vermeidet, sagen zu müssen, *wer* denn da mit *wem* gerungen, *wer* anerkannt und *wer* hingenommen hat, ist dieser Satz besonders hinterlistig: Er unterstellt, es habe eine „geschichtliche Situation von Unterdrückung und Unterordnung“ gegeben, die die christliche Kirche vorfand und an der sie nicht immer etwas ändern konnte. Tatsache ist, daß zumindest im mittel- und nordeuropäischen Raum bei den Stämmen, die christianisiert wurden, die Frauen eine ganz andere Stellung hatten und daß die Reste vorchristlichen Wissens und Verhaltens erst mit den von der päpstlichen Inquisition initiierten Hexenverfolgungen endgültig ausgetrieben wurden – eine historische Schuld, deren Unermeßlichkeit uns Frauen heute gerade erst klarzuwerden beginnt. Von einem „Ringen um Anerkennung der Ebenbürtigkeit“ (der Frauen) kann ich im historischen kirchlichen Schrifttum nichts erkennen, und gerade jene Einschränkungen, die die kirchlichen Autoritäten den Frauenklöstern auferlegten, die mit ihrer Schriftkunst und Buchmalerei, ihren Stikkereien und Dichtungen noch im Hochmittelalter Kristallisationspunkte abendländischer Kultur waren, sprechen bereits im innerkirchlichen Bereich eine ganz andere Sprache.

## Ursachen

Auch die Verursacher und die Ursachen der alltäglichen Abwertung der Frauen nennt Lehmann nicht. Er spricht nur einmal, wie gesagt, davon, daß die Unterordnungsthese bei „sehr vielen Männern“ dominieren dürfte. Er stellt jedoch die gesamte Männerwelt, ihre Werte, ihr Verhalten, keinen Moment in Frage. Er kritisiert zwar Rollenzuweisungen an die Frau, deckt jedoch nie auf, wer diese eigentlich mit welchem Interesse vorgenommen hat und vornimmt. Er spricht nur einmal von Machismo, aber nicht als etwas, was aus den und den Gründen existiert, sondern lediglich als etwas, was die Frauen bekämpfen: „Von da aus (der Rollenzuweisung als naturgegeben, E.W.) kann man die oft leidenschaftiche Bekämpfung der Männerwelt und eines Männlichkeitswahns, der sich absolut setzt (‘machismo’), verstehen.“ Ein alter Trick von Geistlichen aller Konfessionen (und auch von Psychologen): Ein Verhalten wird „verstanden“, man urteilt jedoch wohlweislich nicht darüber, ob man es gut oder schlecht findet – man hält sich total raus. Mit „verstehen“ wird Nächstenliebe signalisiert („Alles verstehen heißt alles verzeihen“), das Schweigen zu den Ursachen dieses Verhaltens besagt jedoch, daß man diese entweder für unabänderlich hält oder aber sie auf keinen Fall grundlegend verändert, höchstens leicht modifiziert sehen möchte. Daß, wie Christina Thürmer-Rohr formuliert, „die zivilisierten Gesellschaften des weißen Mannes es geschafft (haben), die Lebensbedingungen auf der Erde so weitgehend zu verderben, daß es zu einer absolut verrückten Herausforderung geworden ist, überhaupt leben zu wollen oder zu können…"[13], ist Lehmanns Thema nicht, und daß Frauen hauptsächlich wegen dieses zerstörerischen Standes der Dinge gegen das Patriarchat rebellieren und um ihre Mitwirkung an der Gestaltung der Welt kämpfen, um vielleicht noch das Allerschlimmste zu verhindern (wobei die von Lehmann vielbeschworene „Würde" dann wirklich nicht mehr als eine nette Arabeske ist), nimmt er offensichtlich gar nicht wahr.

## Antworten

Mit seinen „Antworten aus der Sicht der christlichen Anthropologie" läßt Lehmann dann die Katze vollends aus dem Sack. Seine Ausgangsthese ist noch relativ neutral: „Gleicher Rang und gleiche Würde für Frau und Mann bei Anerkennung eines verschieden geprägten Menschseins." Doch wie soll das aussehen? Er bejaht mit einem Zitat von Elisabeth Moltmann-Wendel die Ganzheit der Frau: „Nur wer etwas Ganzes ist, kann auch ganz etwas geben" – doch dann kommt seine Antithese: „Mit derselben Entschiedenheit muß nun aber dafür eingetreten werden" (*wer* tritt dafür ein?), „daß das neugewonnene Selbst sich nicht absolut, selbstgefällig und narzißtisch abschließt." Tableau! Hier haben wir, was ich die „ja, aber"-Sätze nenne. Sie bedeuten stets: bis hierher und nicht weiter. Lehmann sagt auch gleich deutlich, wo die Grenze ist: „Zuerkennung der Personwürde ist etwas völlig anderes als das Einverständnis mit einer individualistisch verstandenen Autonomie. Zur Person gehört bei allem Eigenwert die Hinordnung zur Gemeinschaft und ihren Aufgaben. Mann und

Frau verwirklichen das ganze Menschsein miteinander." Und das heißt? Lehmann ersetzt die Worte „Partnerschaft" und „Ergänzung" durch ein von ihm erfundenes „Zueinander": „Dieses Zueinander beschränkt sich nicht auf Mann und Frau allein. ... Das Zueinander von Mann und Frau in der Ehe bezeugt seine Fruchtbarkeit in einem größeren Wir, nämlich dem Kind und der Familie." Na endlich sind wir da, wo wir die ganze Zeit hin sollten. „Geschlechtlichkeit und Liebe, Sexualität und Mutterschaft, Fortpflanzung und Familie (sind nicht) prinzipiell und radikal voneinander abzukoppeln." Dieser Satz spricht unter anderem auch deshalb Bände, weil der Begriff „Vaterschaft" nicht vorkommt. Und alle anderen möglichen Lebensentwürfe von Frauen sind ausgeschlossen. „Mann und Frau verwirklichen in dieser gleichen personalen Würde *eine* Lebensgemeinschaft." Und wie, wenn *ihm* bei dem „Zueinander" nun die Hand ausrutscht und er *sie* ganz konkret verprügelt? Wie, wenn *sie* unter schlechteren Arbeitsbedingungen mit schlechterer Bezahlung ein „Zubrot" für die Familie verdient und dafür noch mit alleiniger Verantwortung für den Haushalt und einer ungünstigen Steuerklasse bestraft wird? Konkrete Alltagsbedingungen dieser Lebensgemeinschaft, unter denen die „personale Würde" der Frau Schaden nimmt.

Ich werde nie verstehen, wie eine Kirche, die sich von einem in einer Gruppe von Männern und Frauen lebenden, unverheirateten Nichtseßhaften herleitet und deren geistliche Vertreter eine Lebensgemeinschaft von Frau und Mann gar nicht erleben *dürfen*, diese Betonung der Familie eigentlich theologisch stützen will. Da alle kirchlichen Erwägungen politischer oder moralischer Natur stets auf den Erhalt der Familie hinauslaufen, kann es sich nur darum handeln, eine Ordnung hüten zu wollen, ohne die – so scheint mann zu fürchten – das Chaos ausbrechen würde. Würde es sicher auch, wenn man die endlich entfesselte Kraft von Frauen als Chaos versteht. Wir

Frauen verstehen sie anders, oder besser: Wir verstehen den Begriff Chaos im ursprünglichen, schöpferischen Sinn.

Bleibt nur noch zu erwähnen, daß Lehmann seinen Artikel zum Bild der Frau mit einem Margaret-Mead-Zitat von 1949 abschließt, in dem diese der Frau eine „konstruktive Rezeptivität" zuschreibt und dem Mann eine „kraftvoll nach außen drängende konstruktive Aktivität".

Wie sagt bei Tucholsky die Hausmeistersche über die aufgeputzte Mieterin? „'n neuen Pelz an und 'nen Topp uff'm Kopp – aber die alten Beene kieken immer noch raus!"

Anmerkungen

1 Eugen Drewermann: „Die Frage nach Maria im religionswissenschaftlichen Horizont". Zeitschrift für Missionswissenschaft und Religionswissenschaft, Heft 2/1982.
2 Schalom Ben-Chorin: „Mutter Mirjam". München 1982, S. 151.
3 C. G. Jung: „Antwort auf Hiob". Zürich 1952, S. 161.
4 Ben-Chorin, „Mirjam", S. 26/27.
5 „Maria wir dich grüßen" – Gedanken zum Geheimnis der unbefleckten Empfängnis von P. Saturnin Pauleser OFM. Paderborn 1954.
6 Abt Raimund von Einsiedeln: IMMACULATA. Gedanken zum Fest der Unbefleckten Empfängnis. Ars Sacra 1962, S. 12.
7 ebda. S. 12.
8 ebda. S. 10.
9 Enzyklika REDEMPTORIS MATER von Papst Johannes Paul II. Über die selige Jungfrau Maria im Leben der pilgernden Kirche. Verlautbarungen des Apostolischen Stuhls Nr. 75.
10 „Häxe" ist die für das Buch „Gyn/Ökologie" von Mary Daly gewählte deutsche Übersetzung des von Daly verwendeten Wortes „Hag", was soviel wie zornige, ungebärdige, dem herrschenden Schönheitsideal nicht entsprechende, aus dem Rahmen fallende Frau bedeutet.
11 Alle Zitate in diesem Abschnitt aus der unter 9. angeführten Enzyklika.
12 Karl Lehmann: „Das Bild der Frau". Versuch einer anthropologisch-theologischen Standortbestimmung. Herder-Korrespondenz Nr. 10, 1987. Alle Zitate in diesem Abschnitt sind aus diesem Artikel.
13 Christina Thürmer-Rohr: „Vagabundinnen". Feministische Essays. Berlin 1987, S. 38.

Jenny Kien

# DAS GESCHLECHT DER FORSCHUNG IN DEN HIRNEN DER HIRNFORSCHER

## Zur Geschlechtsdifferenzierung des Gehirns

Feministische (Natur-)Wissenschaftskritik stellt die behauptete Wertfreiheit von Forschung und Lehre in Frage. Akzeptieren wir, daß Forschung immer auch von den gesellschaftlichen Variablen abhängig ist, müssen wir weiterfragen: Wissenschaft wird hauptsächlich von Männern gemacht – ist die Wissenschaft dann „männlich"? Und was wäre „weibliche" Wissenschaft?

Die feministische Wissenschaft scheint mir zu diesen Fragen hauptsächlich zwei Positionen einzunehmen:

Die eine: Die Denkstrukturen in der Wissenschaft, das analytische Denken sind männlich, weil von Männern erfunden und entwickelt – d.h., die ganze Essenz der Wissenschaft ist männlich. Weibliches Denken, im Gegensatz, wäre eine ganz andere Art der Auseinandersetzung mit der Welt, wäre eher spirituell. Diese Position wird von Naturwissenschaftlerinnen nicht vertreten.

Die andere: Die analytischen und logischen Denkstrukturen sind nicht unbedingt männlich. Was männlich ist an der Wissenschaft, ist der Gebrauch dieser Denkstrukturen, ihre Organisation, die Fragestellungen und Thesen sowie Art und Ziel der Untersuchungen.

Die erste Position ist fast nicht wissenschaftlich nachzuprüfen (z.B. die Frage: Was wäre, wenn wir nicht im Patriarchat lebten?). Die zweite Position ist durch die historische Analyse und den Vergleich der Beiträge von Frauen und Männern in den Wissenschaften prüfbar.

Ich möchte dieser zweiten Position nachgehen und anhand eines ganz präzisen Beispiels analysieren, ob Frauen und Männer bisher anders geforscht haben und forschen. Als Forschungsbeispiel wähle ich ein Thema, das für alle von Interesse ist – die Frage nämlich: Wie entwickelt sich ein Gehirn im Embryo, um später ein weibliches oder ein männliches Gehirn zu werden? Diese Frage, ob weibliche und männliche Gehirne unterschiedlich sind, stellen Forscherinnen und Forscher.

## Bewiesene Differenzierung

Die Gehirne von Tierweibchen und -männchen weisen bestimmte Unterschiede auf, die in Hirnbereichen zu finden sind, die das Sexual- und Reproduktionsverhalten steuern, z. B. in den Gehirnteilen, die Geschlechts- und Reproduktionsorgane und Kopulationsverhalten steuern. Weibliche Tiere haben Gehirnprogramme für Brutpflegeverhalten, die Männchen nicht haben; so wird z. B. bei Säugern der Milchschuß der Mutter, die ihren Säugling weinen hört, durch das Gehirn gesteuert. Unterschiede bestehen auch in der Steuerung der Geschlechtshormone und Hormonzyklen. Frauen haben einen monatlichen Hormonzyklus, der auch vom Gehirn mitgesteuert wird, Männer haben diesen nicht. Diese Unterschiede zwischen weiblichen und männlichen Gehirnen sind die einzigen genetisch verursachten und daher geschlechtsabhängigen Unterschiede, die fest bewiesen sind. Andere Unterschiede in Gehirnstruktur und -funktion halte ich für nicht bewiesen, da die blühende Literatur darüber voller Unklarheiten steckt, z. B. die Rolle der Sozialisation nicht berücksichtigt wird.

Die Unterschiede in den Gehirnteilen, die Sexual- und Reproduktionsverhalten steuern, beruhen auf unterschiedlichen Reaktionen der Nervenzellen dieser Gehirnteile bei Frauen und Männern auf Hormone. Im Lauf der embryonalen Entwicklung entstehen tatsächlich biochemische Unterschiede in diesen Nervenzellen, so daß das Gehirn (bzw. Teile davon) festgelegt wird: wird weiblich oder männlich und bleibt so. (Ich werde der Einfachheit halber weiter von weiblichen und männlichen Gehirnen sprechen, meine dabei aber immer die weiblichen oder männlichen Teile davon.)

## Thesen, Hypothesen, Spekulationen

Die Erforschung der geschlechtlichen Differenzierung des Gehirns begann im 19. Jahrhundert im Rahmen der Frage nach der Geschlechtsdifferenzierung des Organismus. Über letztere zerbrach man sich bereits im antiken Griechenland die Gelehrtenköpfe. So glaubte Aristoteles im vierten vorchristlichen Jahrhundert eine Entdeckung gemacht zu haben, als er behauptete, der Mann empfange seine Seele am 40. Tag nach der Befruchtung, die Frau am 80. Tag. Verspätung bei Frauen passiert auch für den mittelalterlichen Thomas v. Aquin, weil er Frauen als nicht fertig entwickelte Männer ansah. Die aristotelische Idee, daß alles Aktive in der Entwicklung männlich gebunden ist, bildet den geistigen Hintergrund noch für das aufgeklärte 19. Jahrhundert. Die äußere Gestalt von weiblichen und männlichen Gehirnen wurde verglichen, Gehirne gemessen und gewogen (und das weibliche als zu leicht empfunden bzw. als zu klein). Diese Forschungen wurden bis heute weitergetrieben, auf Funktion und innere Anatomie ausgedehnt. Sie sind noch immer äußerst umstritten.

Die moderne Forschung über geschlechtliche Differenzierung des Gehirns begann in den späten 50er und den 60er Jahren des 20. Jahrhunderts, als entdeckt wurde, daß bei Ratten ein Teil des Gehirns (der Hypothalamus) die weibliche zyklische Hormonausschüttung steuert. Weiter wurde herausgefunden, daß durch die Produktion männlicher Hormone (Androgene) in den Hoden des männlichen Embryos die Fähigkeit von Hypothalamus-Neuronen gehemmt wird, zyklisch zu reagieren. Injektionen von weiblichen Hormonen in eine männliche Ratte, die durch Kastration bei der Geburt kein Androgen mehr produziert, lösen eine zyklische (weibliche) Funktion des Hypothalamus aus. Erfolgt die Kastration später als 7 Tage nach der Geburt, ist das nicht mehr möglich. Bei den Weibchen kann eine einzige Androgen-Injektion bei der Geburt die späteren Hormonzyklen hemmen, wahrscheinlich indem die Hypothalamus-Neuronen gehemmt werden. Aufgrund dieser Versuche wurde die These vom „Organisations"-Effekt der Androgene aufgestellt: Ohne Androgene entwickle sich ein weibliches Gehirn, durch Androgene ein männliches.

Inzwischen konzentriert sich die Forschung mit Hilfe neuer Techniken auf die biochemischen Aktionen der Androgene. In den 70er Jahren wurden die Versuche an Ratten auf Versuche an Primaten ausgedehnt. Erst im 70er Jahrzehnt wurde auch damit begonnen, die Wirkung weiblicher Hormone auf Nervensystem und Verhalten zu untersuchen.

Die Idee aus den Rattenversuchen, daß Androgene das Gehirn organisieren, war so zündend, daß sie sofort (und auch später) auf Primaten und Menschen extrapoliert wurde, ja sogar auf menschliches Verhalten und Rollenzuweisung in der Gesellschaft. Ein ganzes Jahrzehnt wurde es für unnötig befunden, die Primaten selbst zu untersuchen, und für unwichtig gehalten, etwas über die Aktivitäten weiblicher Hormone in Erfahrung zu bringen.

Schon als Studentin hat mich die Lehre geärgert, daß das weibliche Gehirn nur die primitivere Form des männlichen wäre, daß die Aktivität der männlichen Hormone eine höhere Entwicklung zustande brächte und daß weibliche Hormone für das Gehirn unwichtig wären. Im Forscherglauben an männliche Superiorität und weibliche Inferiorität lebte Aristoteles' und Thomas' Philosophie weiter.

## Gehirnforschung heute

Erst in den letzten 10 Jahren kristallisiert sich neben der androzentrischen Forschung eine zweite Strömung heraus. Ich möchte die heutige Forschung anhand von zwei neuen Arbeiten vorstellen.

Der eine Beitrag, der typisch ist für die männerzentrierte Richtung, wurde 1986 von Kelley verfaßt: *The genesis of male and female brains* (dt.: Die Entstehung von männlichen und weiblichen Gehirnen). Bereits in der Einleitung schreibt Kelley: „Das Endokrinsystem (Drüsen-, Hormonsystem) hat die Aufgabe, den Körper zu informieren, welches der beiden Geschlechter auszudrücken ist. Informationsträger ist das männliche Geschlechtshormon Testosteron." Maskulinisierungseffekte auf das Hirn gehen, so Kelley, aber auch von „Stoffwechselprodukten des Testosterons" aus, besonders von Östradiol, „das normalerweise als weibliches Geschlechtshormon betrachtet wird". Diesen letzten Halbsatz möchte ich hervorheben. Nach herrschender Lehre wird geschlechtliche Differenzierung ausschließlich durch das Androgen Testosteron diktiert, durch ein männliches Hormon also. Nun, da Kelley beschreibt, daß auch ein weibliches Hormon ähnlich funktionieren kann, wird Östradiol zu einem Stoffwechselprodukt des männlichen Hormons uminterpretiert.

Kelley berichtet über die Differenzierung von Gehirnkernen bei Singvögeln. Diese Gehirnkerne steuern den Gesang. In den untersuchten Arten singen nur die Männchen, wofür ein besonderer Kern verantwortlich gemacht wird, der bei Männchen groß, bei Weibchen klein oder nicht vorhanden ist.

Im Gegensatz zu Säugetieren haben Vogelweibchen XY-Chromosomen, die Männchen XX. In Umkehrung der Hypothesen bei Säugetieren läge demnach der Schluß nahe: Die Urform bei Vögeln ist die männliche, die mit Hilfe des weiblichen Y-Chromosoms weiblich organisiert wird. Aber für Kelley zeigen auch Vogelweibchen eine Entwicklung durch „Mängel genau wie bei Ratten": „Wenn Testosteron oder sein aktives Stoffwechselprodukt Östradiol während einer kritischen Phase nach dem Schlüpfen verabreicht wird, kann ein weibliches Gehirn permanent maskulinisiert werden." Damit also Östradiol als eigentlich weibliches Hormon ins (Zerr-)Bild vom weiblichen Defizit paßt, hat es die Klassifikation männlich nötig, um als solches die Neuronen des männlichen Gesangszentrums zu organisieren.

Die zweite Arbeit soll die Gegenströmung illustrieren. 1984, also noch vor Kelley, erschien der Artikel *Participation of Estrogen in Female Sexual Differentiation of the Brain* (dt.: Die Bedeutung des Östrogens bei der weiblichen Geschlechtsdifferenzierung des Gehirns) von Döhler und anderen. Typisch für Arbeiten der Gegenströmung: Zuerst wird die gängige Wissenschaft zusammengefaßt, hier: die Bedeutung der Androgene für die geschlechtliche Differenzierung. Erst dann folgt ein Kapitel: „Differenzierung des weiblichen Gehirns – ein genauerer Blick auf einige unbewiesene Annahmen", in dem sich die Autoren erlauben, zum Thema zu kommen – ein Zeichen, wie fest die androzentrischen Ideen sitzen.

Döhler und Mitarbeiter weisen detailliert nach, daß bei früheren Versuchen an Ratten – die beweisen sollten, daß weibliche Differenzierung ohne Hormone stattfindet – die weiblichen Hormone nie ganz eliminiert wurden. Sie bleiben nach der Entfernung der Ovarien noch mindestens 5 Tage in den Rattenjungen erhalten. Damit ist die Behauptung über Androgene als alleinige Organisatoren widerlegt.

Die neue Frage lautet daher: Wenn bei Männchen die

Östrogene für die Maskulinisierung mitverantwortlich sind, wenn des weiteren in Weibchen auch Östrogene zu finden sind: wieso werden Weibchen nicht maskulinisiert? Döhler und Mitarbeiter zeigen experimentell, daß weibliche Geschlechtsdifferenzierung aktiv ist, Östrogene braucht und nicht nur das: Es gibt Indikationen dafür, daß Östrogene überhaupt für die Gehirnentwicklung nötig sind.

Sie argumentieren wie folgt: Das embryonale Gehirn bei Ratten ist zu Anfang weder weiblich noch männlich. Unter dem Einfluß der Östrogene der Mutter entwickelt sich das Gehirn. Dabei differenzieren sich zum einen Zentren im Gehirn heraus, die im erwachsenen Tier die weiblichen (zyklischen) Antworten auf Östrogen zeigen (weibliche Differenzierung). Bei Männchen wirken die mütterlichen Östrogene und die Androgene der Hoden zusammen. In bestimmten Hirnteilen werden nicht nur die mütterlichen Östrogene aufgenommen, sondern wird auch Androgen konzentriert und zu Östradiol umgewandelt. Die dadurch entstehenden hohen Konzentrationen von Östradiol stimulieren die Neuronen so, daß sie im erwachsenen Tier eine männliche Antwort auf Östrogene und Androgene zeigen (männliche Differenzierung). Das bedeutet: Der Unterschied zwischen weiblichen und männlichen Gehirnen hängt von Unterschieden in der räumlichen und zeitlichen Konzentration des weiblichen Hormons ab.

## Resümee, Vorausschau

In der Kontinuität von Aristoteles über Thomas v. Aquin bis heute gibt es also als Hauptrichtung die androzentrische Forschung, nach der ein Gehirn passiv weiblich, durch männliche Hormone männlich wird. Alle Hormone, die beim Maskulinisierungsprozeß aktiv wirken, werden als männlich klassifiziert, selbst wenn sie sonst als wichtigste weibliche Hormone gelten. Dieser Forschungszweig läßt sich demnach charakterisieren als die Verweigerung, Feminisierung als aktiven Prozeß zu sehen, als die Ignorierung aller Forschung über Feminisierung.

Daneben gibt es inzwischen eine nicht-androzentrische Forschung, für die ein nicht-androzentrischer Ansatz und ein vergleichender Aspekt charakteristisch sind: Weibliche und männliche Entwicklung werden beide betrachtet. Diese andere Forschung ist demnach umfassender und weniger einseitig als die androzentrische. Daß weibliche Hormone in Männchen eine Funktion ausüben, wird nicht geleugnet oder bagatellisiert. Die Forschenden dieser Strömung scheinen eher bereit, Annahmen zu prüfen, statt sie einfach zu übernehmen.

Und nun zurück zu der Eingangsfrage, ob Frauen anders forschen als Männer.

Es wäre einfach, wenn wir feststellen könnten, daß androzentrische Forschung immer von Männern gemacht würde und daß das „Weibliche" in der Forschung der nicht-androzentrische Beitrag von Frauen wäre. Leider ist es nicht so. Von den beiden besprochenen Artikeln ist der androzentrische zufällig (?) von einer Frau – Darcy Kelley, einer anerkannten Forscherin auf dem Gebiet der Neuroethologie –, der andere zufällig (?) von einem Mann geschrieben, Klaus Döhler (und anderen). Die Kategorisierung in „weibliche" oder „männliche" Wissenschaft funktioniert also nicht ohne weiteres. Es war eine Frau (Toran-Allerand, 1976), die als erste die Bedeutung der Östrogene für das Wachstum des Gehirns herausfand. Und es war ein Mann (Doty, 1974), der sich als erster gegen die einseitige Praxis wandte, nur männliche Tiere zu untersuchen. Einige nicht-androzentrische Forscherinnen sind auch Feministinnen, aber nicht-androzentrische Forscher sind nicht schon deshalb Feministen, weil sie Östrogene untersucht haben.

Ich will eine andere Interpretation versuchen. Im Patriarchat, das zeigt die historische Analyse, entsteht zu jedem Thema zuerst die androzentrische Forschung, in der Hauptsache von Männern vertreten. Diese Forschung gehört dann zum „Establishment", zur „normalen" Wissenschaft. Nach einiger Zeit wird das wissenschaftliche Establishment angegriffen, aus welchen Gründen auch immer, eine Gegenströmung entsteht, „revolutionäre" Wissenschaft. Unter denen, die das Establishment angreifen, sind mit steigender Tendenz Frauen, darunter solche, die sich bewußt gegen die patriarchale Androzentrizität wehren. Die „revolutionären" Männer haben vermutlich noch andere Motive, z.B. sich schneller zu profilieren als im gutbesetzten androzentrischen Feld. Umgekehrt dürfen sich vereinzelt Frauen im etablierten androzentrischen Lager profilieren, wenn sie sich an die herrschende Lehrmeinung halten. Prozentual und in absoluten Zahlen gesehen dominieren bei beiden Richtungen bis jetzt Männer.

Von der Wissenschaftsgeschichte her ist abzusehen, daß die Reize des Neuen immer mehr Forscher anziehen werden. Es werden mehr Männer über weibliche Hormone forschen, bis auch der vergleichende Ansatz in der Hirnforschung als etabliert gilt; d.h., die patriarchalen Argumente werden über kurz oder lang auch auf dieser Seite zu finden sein, wenn auch in anderer Form. Man wird die Beiträge und Innovationen von Frauen vereinnahmen und verschlucken. Damit hat die patriarchale Wissenschaft immer auch eine weibliche Komponente vorzuweisen.

Es sei denn, daß durch Quotierung im Wissenschaftsbereich die Anzahl von Frauen und die Menge ihrer nicht-androzentrischen Forschung zunehmen. Dann würde sich zwar immer noch ein Teil der Wissenschaftlerinnen bei den Androzentrikern gut aufgehoben fühlen. Ein anderer, größerer Teil von Frauen wird sich voraussichtlich weniger anpassen wollen, zumal wenn sich Forscherinnen auf immer mehr frauenzentrierte Forschung beziehen können.

Erst dann sind Voraussetzungen gegeben, Kriterien für „weibliche" – d. h. frauenzentrierte – und „männliche" – d. h. männerzentrierte – Forschung und Lehre genauer und beweiskräftiger nachzugehen.

Zum Weiterlesen:


Rosemarie Rübsamen: Patriarchat – der (un-)heimliche Inhalt der Naturwissenschaft und Technik. In: Luise F. Pusch (Hg.): Feminismus. Inspektion der Herrenkultur. Frankfurt 1983.

Ruth Bleier: Science and Gender. New York 1984.

Lydia Willkop

# SEINESGLEICHEN ALS IDEALTYPUS

Eine respektlose Bildbetrachtung

## Seinesgleichen im Paradies

Mensch Adam war als Krone der göttlichen Schöpfung vorgesehen. Adam, so schreibt ein französischer Literat*, war Zwitterwesen, war androgyn. War Es. Es hatte weibliche Brüste und einen männlichen Schwanz. Während des Tages streifte Es tatenlos im Paradies umher. Allein mit sich, zur Freude Herrn Gotts. Abends wurde Es seiner müde. Dann steckte Es, so der Franzose, vor dem Einschlafen seinen Pimmel weg und zur Ruh. In eine warme, tiefe Innentasche zwischen seinen Schenkeln. In seinen Schoß eben. Womit Es Entspannung fand.

Adam war dazu geschaffen, sich selbst zu genügen. Es hätte sich im Paradiesgarten sogar von selbst fortpflanzen können. Zu Herrn Gotts Wohlgefallen. Außerhalb des Gartenzauns wäre Es nicht weiter aufgefallen.

Aber in Adams Brust, vielleicht auch weiter unten, stritten, ach, zwei Seelen – behauptet dieser Erzähler. Die eine wäre es zufrieden gewesen, ein kleines Adam im Bauch und an der Brust zu tragen. Zwischendurch da ein Stäubchen von den Feigenblättern wischend und dort ein Gräschen begießend. Die andere, größere Seele indes trieb Es mächtig herum. Ließ Es nach Taten schreien. Brachte Es auf die Palme.

Um die Geschichte abzukürzen: Adam entschied sich ir-

* Michel Tournier: Die Familie Adam. Frankfurt/M. 1985.

gendwann. Verlangte nach Herrn Gotts Chirurgenskalpell. Und Doktor Allwissend, noch ohne OP-Schwester und sterile Tupfer, vollbrachte das Kunststück: Adam wurde zum gemachten Mann.

Danach nahm die Natur des Mannes ihren Lauf.

## Seinesgleichen in voller Größe

Ein richtig großer Mann sagt nie „wir“ oder „unser“, wenn er von sich reden macht. Ausgenommen der sogenannte Heilige Vater. Und der meint auch nur sich, wenn er von „Wir“ spricht.

Ein großer Mann führt Geschäftsfreunden sein Eigentum vor: mein Haus, mein Sohn, meine Frau, meine Nippes-Sammlung. Er geleitet durchs Werk: meine Fabrik, meine Arbeiter, mein Werkschutz. Er lädt zum Drink: mein Barkeeper; zur Premiere: mein Theater; zur Pressekonferenz: meine Politik.

Ein großer Mann weiß, wovon er spricht: mein Geld, meine Zeitung, meine Stadt, meine Patienten, meine Partei.

Nichts ist dem großen Mann unmöglich zu denken, zu sagen, zu tun. Das unterscheidet ihn vom kleinen Mann und von der Frau. Er macht an einen Gott glauben, wo keiner zu sehen ist. Er ersinnt sich einen Vater Staat für seine Vaterländer, mit Gesetz und Zucht und Ordnung und Geld. Und schon sind (fast) alle Männer mit dabei. Wie auch bei dem, was große Männer je nach Belieben zum Frieden oder Krieg erklären.

Der große Mann baut auf, reißt ein, errichtet neu. Durch Generationen. Bis ins letzte Glied. Seine Ideen, Erfindungen, Formeln führen ihn immer weiter und schneller ans Ziel. Er läßt Berge versetzen, Meerestiefen explodieren, Raumschiffe kopulieren, den Mond beflaggen, die Erde strahlen. Der große Mann spielt sein großes Genspiel mit Menschen und Mäusen.

Große Männer sind selten zur Besichtigung freigegeben. Mit einigem Glück ist ihnen bei Gelegenheit in Panzerglaslimousinen, bei Staatsbegräbnissen, Staatsempfängen und in Bayreuth zu begegnen. Oder sogar, als einem wie du und ich im Jet-set, je nach Saison beim Golfen oder Curling. Ansonsten sind die Abbilder großer Männer täglich in der Zeitung und auf dem Bildschirm zu betrachten.

Große Männer sind toll.

## Seinesgleichen stark aufgelegt

Schon ein Schnupfen haut den stärksten Mann um. Wie sein Trieb und Bier oder Schnaps.

Stark ist der starke Mann natürlich beim echten Männersport. Dessen einfache Regeln lauten: kämpfen, schlagen, besiegen. Die typisch männlichsten Sportarten sind: Boxen, Polo, Fingerhakeln, Ringen, Gewichtheben, Schafkopfen, Stierkampf, Eishockey, Hahnenkampf, Autorennen, Fußball, Bundestagsdebatten und Krieg.

Es macht viel Spaß, so einem bodygebildeten Schwergewichtler beim Stoßen und Reißen zuzuschauen: Breitbeinig stemmt er sein Spielgerät hoch, daß ihm die Halsadern schwellen und die Augen herausquellen.

Stark fühlt sich der starke Mann gewöhnlich mit oder ohne Kondom beim Nahkampf Sex. Auch bei dessen Ausübung ist ihm das Erobern wichtig.

Im Stehen gießt der starke Mann seine große Duftmarkierung ungeniert auf öffentliche Sammelstellen. Am liebsten dort, wo sich schon seine Vorfluter ausgelassen haben: an Hausecken, Bäumen, in Tunnels und Unterführungen. Seine kleine Markierung spuckt er im Gehen knapp neben dem Mitmensch aus.

Starke Männer sind umwerfend.

Seinesgleichen aus der Mode gekommen

Wie der Name schon sagt, lebt sich der Lebemann aus: im Abenteuer, in der Liebe, im Angeben und Ausgeben. Der Lebemann hält sich Rassefrauen, Rassehunde, Rassewagen, Rassepferde. Außerdem Herrensitze, Herrenschneider und Herrenmagazine. Letzteren entnimmt er mit Fingerspitze die feine Lebensart: wo man sich trifft beim exklusiven Speisen und Reisen; wie man sich dies Jahr modisch kostümiert, erotisch verlustiert; vor allem, welches Geschöpf Frau man sich à la saison zulegt.

Der Lebemann ist darum ein Kenner. Er ist verbal über die ausgefallensten Koitusse im Bilde und zählt dir hundert Whiskymarken her.

Seine Häschen laufen ihm zu. Dankbar schmückt sie der Lebemann mit Exquisitem aus der Nobelwerkstatt der Fummel-, Haar- und Brillantenschneider. Ihr Schmuck ist sein Schmuck. Ihre Ansehnlichkeit hebt sein Ansehen.

Lebemänner sind noch ritterlich. Sie halten es mit antiken Manieren. Sie wählen das Drei-Sterne-Menü für ihre Dame selbst und bestellen es selbst. Und bezahlen es selbst. Diskret. Sie nehmen dem Luxusfrauchen das Sprechen mit dem Oberkellner und den Mantel ab.

Beim Hotelfrühstück lesen Lebemänner der Gespielin aus der Zeitung vor. Selbstredend nur das, was sie auch verstehen kann. Nichts von Politik und Börse und so.

In Museen erklären sie ihr belehrend den Sinn eines Kunstwerks. Sofern sie das zu können meinen. Wenn nicht, rezitieren sie der Begleiterin für alle vernehmlich den Katalog. Weil Lebemänner stets auf Stil bedacht sind.

Lebemänner sind harmlos.

## Seinesgleichen dezent verkleidet

Mit Männern im Rock sind Transvestiten sowenig gemeint wie Schotten. Auch nicht die im Jackett, das man auch Rock nennt. Es geht hier um in Ehren verkleidete Männer.

Zum Beispiel um den Mann im Priesterrock und den Mönch in der Kutte. Vestalen sozusagen. Sie leben nach den Regeln der Kirche der heiligen Väter. Nur Gott und sonst nichts. Noch im Beichtstuhl halten sie aller Versuchung des Teufels stand.

Ein anderer Stellvertreter göttlichen Wesens ist der Mann in der Richterrobe. Er vertritt die Göttin Justitia, der er die Augen verbunden hat, damit sie sich ausruht. An Stelle der Blindgemachten kann er nun zusehen, was alles Recht ist.

Gott und Vaterland schützt der Soldat, der Mann im feldgrauen Rock. Ein toter Soldat war ein guter Soldat, sagt mann.

Den grünen Rock teilen sich Jäger und Polizisten. Doch sind sie ganz einfach zu unterscheiden. Der Jäger trägt Hut mit oder ohne Gamsbart und seine Feuerwaffe um die Schulter geworfen. Er sorgt für Ordnung in der Natur. Der Polizist trägt Mütze oder Helm und seine Feuerwaffe um die Lenden geschnallt. Er sorgt für Ordnung in der Gesellschaft. Beide können auch mit dressierten Hunden bei der Arbeit gesehen werden.

Der Mann im Gehrock hat keine besondere Bewandtnis. Er geht darin – zur kleinen Hochzeit oder zum großen Karajan.

Männer im Rock sind nicht komisch.

Lis Markart

# DIE BÜRDE DER MÄNNER MIT DER WÜRDE DER FRAU

## Welche Gewalt auf Frauen zutrifft und welche nicht

*Die folgende Textcollage ist Wort für Wort Protokollen eines Landtags entnommen. In den Debatten ging es um Anträge „betreffend Vergewaltigung in der Ehe", „betr. Straftaten gegen die sexuelle Selbstbestimmung der Frau" sowie „betr. Einstellung von Frauen in die Schutzpolizei". Alle Wortbeiträge stammen von Männern, fast alle von Juristen.*

I.

Es ist eine Sache der Beweiswürdigung, ob das Tatbestandsmerkmal Gewalt enger oder weiter gefaßt wird. Es besteht durchaus ein Unterschied zwischen Vergewaltigung, die vorgenommen wird von einem Täter, der eine ihm völlig unbekannte Frau überfällt, und einem ebenfalls zu konstruierenden Fall, daß eine längere Bekanntschaft besteht und der Täter irgendwie gereizt wird. Insofern hat das Tatbestandsmerkmal minder schwerer Fall seine Berechtigung. Der Wert eines Rechtsgutes stellt sich durch den Strafrahmen dar: wenn einem Taxifahrer eine Geldbörse mit 5 DM Inhalt unter Waffengewalt weggenommen wird und das eine Mindeststrafe von fünf Jahren nach sich zieht, die Vergewaltigung eine Mindeststrafe von zwei Jahren, egal, ob es sich um einen Beischlaf im herkömmlichen Sinne oder Analverkehr und ähnliches handelt.

Der Ersatz des Begriffes Gewalt durch das Merkmal „gegen ihren Willen“, der verbale Ausdruck einer Frau, sie wolle das nicht, würde zu noch größeren Schwierigkeiten bei der Beweisaufnahme in der Hauptverhandlung führen. Der Forderung, es dürfe nur auf das Verhalten des Täters ankommen, nicht jedoch auf das Verhalten der Frau, wird ein Veranschauungsbeispiel entgegengehalten: Eine Frau, die beim Einkauf ihre Geldbörse auf den Einkaufskorb ganz obenauf legt, verleitet einen potentiellen Dieb mehr zum Diebstahl, als wenn sie die Geldbörse verstecken würde.

Bei der Beweisführung in der Hauptverhandlung muß das Delikt nochmals verbal nachgespielt werden, der entgegenstehende Wille muß deutlich verifiziert werden. Es kommen daher Fragen auf das Opfer zu.

Angesichts des völlig schwammigen Gewaltbegriffes wird psychische Gewalt im Vergewaltigungstatbestand nicht anerkannt, sie wird aber durchaus als Gewalt anerkannt im Nötigungstatbestand. Unter § 178 StGB fällt aber auch das aufgenötigte Pornofoto, wodurch eine „Verhältnismäßigkeitsschieflage“ erreicht wird. Nötigung ist ein relativ geringwertiger Straftatbestand, ein allgemeiner Grundtatbestand. Sie liegt auch dann vor, wenn jemand absichtlich langsam vor einem anderen Verkehrsteilnehmer fährt.

Bei Vergewaltigung außerhalb der Ehe ist der erste Ansatzpunkt, ob Geschlechtsverkehr stattgefunden hat. Wird diese Frage mit Ja beantwortet, muß sich der Täter bereits rechtfertigen. Nach der Rechtsprechung gilt nur der vollzogene Geschlechtsverkehr als Vergewaltigung. Freisprüche kommen zustande, wenn nicht der sichere Nachweis geführt werden konnte, ob tatsächlich eine aggressive Vergewaltigung vorgelegen hat.

Andere Tatabläufe werden als minder schwer eingestuft, weil – so der Bundesgerichtshof – bei erzwungenem Oral- bzw. Analverkehr die Gefahr einer unerwünschten Zeugung und

Schwangerschaft nicht gegeben ist. Die Schuldschwere ist also bei den einzelnen Fällen unterschiedlich. Bei der Beurteilung der minder schweren Fälle hat sich das geltende Recht bewährt.

Höchst problematisch wäre das Abstellen auf das Eindringen gegen den Willen. Die feministische Terminologie gehört nicht in ein allgemeines Gesetz. Wenn ein Arzt eine Magenspiegelung vornimmt, die Einwilligung der Frau aber unwirksam ist, handelt es sich um Eindringen gegen den Willen. Es wäre höchst sonderbar, dies als Vergewaltigung anzusehen und mit mindestens zwei Jahren Freiheitsstrafe ahnden zu sollen.

Innerhalb einer Ehe ist die Beweislage sehr schwierig; zudem ist die Ehe auf Versöhnung ausgelegt. Die Eheleute finden sich ja nicht zum Zwecke des Totschlags, sondern zum Zwecke der sexuellen Vereinigung zusammen. (Dennoch) passieren zwei Drittel aller Vergewaltigungen bei bestehenden Beziehungen, 80 bis 90 % aller Totschläge sind das Resultat von Beziehungen und das Ergebnis von sexuellen Spannungen. Aber nicht die Frage nach Ehelichkeit und Außerehelichkeit trennt kriminologisch den Sachverhalt, sondern die Frage nach dem Bestehen und dem Nichtbestehen von Beziehungen. Gerade bei einer solchen Problematik ist doch der Punkt, wie die menschliche Würde im täglichen Miteinander gesehen wird, wie die Würde des Partners in der Ehe gesehen wird. Dies ist eine Erziehungssache. Mit einer pauschalen Erweiterung des Vergewaltigungsparagraphen auf den ehelichen Bereich wird man der Problematik nicht gerecht.*

* Nach geltendem Recht kann Vergewaltigung und sexuelle Nötigung der Ehefrau nur im Rahmen der §§ 223 f, 240 StGB als Körperverletzung und/oder Nötigung bestraft werden. Für sexuelle Delikte, die außerhalb der Ehe gegen Frauen begangen werden, lassen die §§ 177 bis 179 StGB schärfere Strafen zu. Anfang November '87 war aus Bonn zu hören, die Koalition wolle noch in dieser Legislaturperiode den Unterschied zwischen ehelicher und außerehelicher Vergewaltigung im Strafgesetz aufheben.

Eine Vergewaltigung (in der Ehe) ist nicht straflos, sondern stellt eine Nötigung und gegebenenfalls eine Körperverletzung dar. Verhältnismäßig selten sind Strafverfahren durchgeführt worden. In diesen Verfahren steht oft Aussage gegen Aussage. Rechtfertigungsgründe wie bei außerehelichen Vergewaltigungen braucht der Mann in der Ehe nicht vorzubringen, sondern die Strafbarkeit hängt davon ab, ob der Geschlechtsverkehr mit, ohne oder gegen den Willen der Ehefrau vollzogen wurde. In leichteren Fällen kann man es mit einer Geldbuße oder geringen Geldstrafe bewenden lassen.

Wird aber die Tat (Vergewaltigung in der Ehe, Anm. d. Verf.) zu einem Verbrechen aufgestuft, dann bedeutet dies, daß die Ermittlungsbehörden allen Ermittlungshinweisen nachgehen müssen. Es müssen notgedrungen die Kinder, die Nachbarn und sonstige Zeugen vernommen werden. Es gibt (zwar) Möglichkeiten, die Opfer vor der Öffentlichkeit zu schützen, z.B. nach dem Opferschutzgesetz, aber der Ausschluß der Öffentlichkeit kann nicht lückenlos gewährleistet werden. Wird ein solches Strafverfahren durchgeführt, ist diese Familie als Folge des Strafverfahrens kaputt. Der durchschnittliche Strafrahmen bedeutet etwa vier Jahre Freiheitsstrafe für den Ehemann, was die Vernichtung der Existenz bedeutet.

Es kann nicht in die Willkür (!) eines anderen Menschen gestellt werden, ob jemand für Jahre ins Gefängnis muß. Weiter ist zu berücksichtigen, daß bei einem Antragsrecht die Ehefrau sehr stark unter zusätzlichen Druck des Ehemanns geraten würde. Ein Mann, der die jahrelange Gefängnisstrafe vor Augen hat, wird alle Mittel anwenden, damit die Ehefrau den Antrag nicht stellt bzw. zurücknimmt. Einem solchen Druck kann man die Frau nicht aussetzen.

Alle aufgeführten Schwierigkeiten sind in der Rechtslehre noch nicht ausdiskutiert. Der Deutsche Bundestag hat sich zwei Jahre lang intensiv mit diesen Fragen beschäftigt. Im Ergebnis ist festzuhalten, daß jedenfalls mit einer pauschalen Streichung des Wortes „außerehelich“ in den §§ 177 bis 179 StGB das Problem nicht gelöst wird. Der Bundesrat hat in einer Entschließung die Bundesregierung gebeten, „in Zusammenarbeit mit den Ländern Vorschläge zu entwickeln, in welcher Weise die Persönlichkeit und insbesondere die Privatsphäre aller am Verfahren Beteiligten besser als bisher geschützt werden könne, ohne wesentliche Grundzüge des Strafverfahrens unverhältnismäßig zu beschneiden“. Vom staatlichen Schutz der Ehe nach Art. 6 Abs. 1 GG kann nicht abgerückt werden.

## II.

Solange sich sogar die Wissenschaft nicht darüber im klaren ist, was der weiblichen Natur gemäß und zumutbar ist, wirft die Tätigkeit von Frauen in der Polizei Probleme auf. Angesichts der Probleme und Schwierigkeiten ist ein harter Maßstab anzulegen. Frauen können zwar bei der Wahrnehmung verkehrspolitischer Aufgaben uneingeschränkt eingesetzt werden, sie eignen sich sehr gut für Vernehmung und Betreuung von Kindern, hilflosen Personen und solcher Frauen, die Gewalthandlungen haben erleiden müssen. Jedoch bestehen Bedenken, Frauen zum Einzelstreifendienst einzuteilen, weil ihnen dann leicht Gewalt angetan werden könnte, sie in Einsätze zu schicken, wo gewalttätige Auseinandersetzungen vorhersehbar sind, wobei der Einsatz schwangerer Beamtinnen besonders problematisch wäre. Die biologisch begründete Tatsache aus dem Familienalltag, daß der Mann seiner Frau schwere körperliche Arbeit abnimmt, muß sich im Berufsleben naturgemäß in einer entsprechenden Fürsorgepflicht des Dienstherrn widerspiegeln, auf die unterschiedliche körperliche Leistungsfähigkeit von Mann und Frau Rücksicht zu nehmen.

Frauen sollten je nach Einsatzlage möglichst nicht in die erste Linie gestellt werden, womit die Einsatzbreite weiblicher Beamtinnen angesprochen ist. Die verstärkte Einstellung weiblicher Beamter könnte (allerdings) das Erscheinungsbild der Polizei nach außen erheblich verbessern.

Für die Anwendung unmittelbaren Zwangs muß doch auch unabdingbar eine bestimmte körperliche Verfassung gegeben sein. Es handelt sich um eine spezielle Polizeidienstfähigkeit, die über die allgemeine Dienstfähigkeit hinausgeht, wie sie für Beamte allgemein gefordert wird, die darüber hinaus bestimmte sportliche Leistungen und erhöhte gesundheitliche Anforderungen voraussetzt. Bei der Anwendung unmittelbaren Zwangs muß dieser in 90 % der Fälle gegenüber Männern ausgeübt werden, was natürlich entsprechende körperliche Kraft und Verfassung bedingt. (Sogar) viele der männlichen Beamten sind nach langjährigem Einsatz körperlich und psychisch am Ende und möchten aus ihrer Verwendung in der ständigen Konfrontation mit dem Staatsbürger heraus.

Eine völlige Gleichstellung in der Verwendung zwischen Männern und Frauen sowohl von der Physis als auch von der Psyche her ist bisher nicht angestrebt. Aber auch aus Gründen, die man vielleicht mit der „Würde der Frau" umschreiben mag, kann man diesen unmittelbaren Zwang Frauen nicht zumuten. Man denke nur etwa an einen Einsatz bei Nacht. Bedenken gegen eine verstärkte Einstellung von Frauen rühren nicht zuletzt aus dem Bild der Frau: Nur schwer kann man sich mit dem Bild von einer Frau, die mit einer Maschinenpistole bewaffnet ist, anfreunden.

Die pauschalierende Forderung, Frauen in allen möglichen Berufen ebenso einzustellen wie Männer, ist keineswegs ein Beweis dafür, daß man es mit der Würde der Frau ernst nimmt, sondern im Gegenteil eine Verkennung der Würde der Frau. Wenn Frauen weder bei der Müllabfuhr noch im Schlachthof beschäftigt sind, so hat das etwas mit der Würde der Frau zu tun.

# DIE NATÜRLICHE ORDNUNG ALS ERZIEHUNGSSACHE

Helga Schweigert

# SCHULMANNSKOST

## Ein Wörtchen mit Stadtschulrat Icks Üpsilon

**Helga Schweigert:** Herr Üpsilon, Sie sind Leiter der größten kommunalen Schulbehörde in der Bundesrepublik. Anfang '87 flatterte den Direktoren Ihres Amtsbereichs – „Unterschrift d*es* Direktor*s*" hieß es da ausdrücklich – ein Fragebogen auf den Tisch, mit dem diese sichtlich überfordert waren. Thema: „Diskriminierung von Mädchen und jungen Frauen an den Schulen". Die Überforderung zeigte sich bereits, wie mir Augenzeugen berichteten, in der Ratlosigkeit bis Empörung, mit der dieses Papier in den Direktorenkonferenzen – einschließlich einiger verschwindender Direktorinnen – aufgenommen wurde: Der Leiter der Sprachenschule – für Fremdsprachen zwar – weigerte sich beispielsweise „unter allgemein beifälligem Geschnaufe", das Papier „weiter anzufassen", bevor ihm nicht erklärt würde, was „Männersprache" und was „Frauensprache" sei.

Aus gewöhnlich gut unterrichteten Kreisen weiß ich auch, daß die Fragebögen vielfach nicht mit dem gebotenen Ernst ausgefüllt wurden – ein Zeichen von Zivilcourage, würde ich meinen, die diese Direktoren zu anderen Themen leider allzu oft vermissen lassen. Ich muß zugeben, daß auch ich Schwierigkeiten gehabt hätte, auf den jeweils dafür vorgesehenen drei (!) Zeilen – insgesamt 27 Zeilen für neun Fragen – fundiert Auskunft zu geben. Der Fragebogen war ja auch nicht auf Ihre Initiative ausgesandt worden, sondern aufgrund einer bei der Verwaltung ach so beliebten Anfrage der GRÜNEN im Stadtrat.

Welche Stellung bezieht nun das Schulreferat trotz der schütteren bis chaotischen Datenlage generell zu unserem Thema?

**Icks Üpsilon:** *Zu den Fragen nach der Prägung der Lehrinhalte an den Schulen durch eine Männersprache und Männergeschichte sowie nach patriarchal ausgerichteten Strukturen ist generell zu sagen, daß eine Zuständigkeit für mögliche Änderungen nicht bei der Landeshauptstadt München liegt.*

Aber Sie sind doch zuständig für derzeit 90 255 „Schüler", wie die Statistik weiß, indirekt sogar für 183 191, wenn wir alle nicht-städtischen Schulen mitzählen wollten. Können Sie uns das etwas näher erklären?

*Im einzelnen ist folgendes auszuführen: Die Frage nach der Prägung von Lehrinhalten durch eine sogenannte Männersprache ist im engeren Sinn ein sprachwissenschaftliches Problem, zu dem noch keine Begriffsdefinition vorliegt, mit deren Hilfe eine entsprechende Analyse unternommen werden könnte.*

Ich weiß, Sie sind Diplomphysiker. Deswegen ist Ihnen damals, Anfang der siebziger Jahre – Sie waren gerade Referendar –, entgangen, daß Schulbuchverlage in den USA explizite Sprachempfehlungen an ihre Schreibenden und Redigierenden herausgegeben haben, z.B. nicht mehr von „the farmer and his wife", sondern „a farm couple" zu sprechen, oder statt „the ancient Egyptians allowed women considerable control over property": „women in ancient Egypt had considerable control over property" oder, ein drittes und letztes Beispiel, statt „pioneers moved West, taking their wives with them" das viel kürzere und elegantere „pioneer families moved West".

Wir brauchen nicht in die Ferne zu schweifen: 1980 erschienen in den unter Linguisten und Linguistinnen sehr renommierten „Linguistischen Berichten" ähnliche Richtlinien für die deutsche Sprache. Aber da waren Sie ja kaum noch im aktiv zu nennenden Schuldienst, sondern bereits im Stadtrat für die CSU. Diese Richtlinien sind übrigens mehrfach weiterentwickelt worden und das ganze Thema in bekannten Taschenbuchreihen popularisiert.

Wenden wir uns einem konkreten Unterrichtsfach zu, das für die Identifikation der Menschen eine zentrale Rolle spielt: der Geschichte. Glauben Sie nicht, daß das, was heute gemeinhin immer noch gelehrt wird, „Männergeschichte" genannt werden muß?

*Die Frage nach der Prägung der Lehrinhalte durch eine „Männergeschichte (gerade im Geschichtsunterricht)" ist dahingehend zu beantworten, daß entsprechend den historischen Sachverhalten Männer rein zahlenmäßig stärker im Vordergrund stehen als Frauen.*

Das verstehe ich nicht. Gerade in historischen Zeiten – außer während der drei Jahrhunderte „Hexen"-Verfolgung – war das zahlenmäßige Gewicht der Frauen noch viel größer, was allgemein durch die vielen Kriegszüge und die schwächere Konstitution der männlichen Kinder erklärt wird. Wo bleiben diese Frauen?

*Historisch bedeutsame Frauen sowie die Rolle der Frau werden jedoch – und das wird auch von den Schulen so gesehen – in zunehmendem Maße ihrer Bedeutung entsprechend gewürdigt.*

Ich weiß, mein Einwurf war polemisch. Sie wollten natürlich auf „historisch bedeutsam" abheben. Aber befinden Sie sich damit nicht inzwischen hoffnungslos in der geschichtsdidaktischen Mottenkiste? Ich sehe da doch wieder die Geschichte der Feldherrn und Kaiser. Wie sollen denn die Menschen jemals aus dieser Geschichte lernen? Im übrigen müßten Sie nicht befürchten, daß nun ausschließlich die sogenannte Alltagsgeschichte Einzug halten soll. Ganz und gar nicht. Auf das „historisch Bedeutsame" brauchen Sie bei Frauen nicht zu verzichten, wie die 999 Frauen der *Dinner Party* von Judy Chicago – eine höchst lückenhafte Aufzählung – schon zeigen. Ich hoffe, Sie wissen, was die *Dinner Party* ist. Auch in dieser Stadt hingen während der Ausstellungszeit viele Plakate.

Nun ist es doch so: Was nicht in den Lehrbüchern steht, kann nur unter größten Anstrengungen von den Lehrkräften in Eigenarbeit ergänzt werden, wobei sie manchmal fast mit einem Bein in der Illegalität stehen: Denn wer sagt ihnen, ob die Texte, die sie gerade hinzuziehen, notfalls eine Genehmigung finden würden, z. B. die Texte aus den zahlreichen Materialienbänden *Frauen in der Geschichte* aus dem Pädagogischen Verlag Schwann. Wie steht es also mit den lehrmittelfrei genehmigten Büchern, den wichtigsten Krücken für den Unterricht?

*Mit der Frage der Darstellung von Männern und Frauen, Jungen und Mädchen in den Lehrbüchern hat sich die Kultusministerkonferenz der Länder in ihrer Sitzung am 11./12.12.86 beschäftigt und als Ergebnis festgehalten, daß die einzelnen Kultusministerien verstärkt darauf achten sollen, daß die Grundsätze der Gleichbehandlung bei der Schulbuchzulassung künftig besonders berücksichtigt werden.*

Wenn ich da an die deutsch-polnische Schulbuchkonferenz denke, wird mir selbst für das Jahr 2000 noch bang. Warum hat man nicht nach dem Sachverständigengespräch im Bundesbildungsministerium 1978 gehandelt, als alle Fakten längst auf dem Tisch waren? Eine Entpatrifizierung war angesagt. Glauben Sie nicht, daß da ganz tief sitzende patriarchale Strukturen am Werk sind, die weit über den Inhalt der Lehrbücher hinausgehen?

*Das vermutete Vorherrschen patriarchaler Strukturen ist gerade für die Schulen zu verneinen, da der Anteil weiblicher Lehrkräfte relativ groß ist und da keine geringere Einschätzung ihrer Arbeit oder Geltung im Schulbereich festzustellen ist. Weibliche Lehrkräfte stehen ihren männlichen Kollegen in nichts nach.*

Das erinnert mich doch wieder an die Lobpreisungen der Hausfrau zu Muttertag. Auch am 8. März haben wir so etwas schon gehört. Ich denke, ein paar Zahlen sprechen da eine andere Sprache: In Ihrem Amtsbereich sind 48,34 Prozent der Lehrkräfte Frauen. Sehen wir uns die Beamtenlaufbahngruppe A 13 bis A 16 näher an, also die Gruppe der Gymnasial- und beruflichen Schulen, dann entspricht in A 13, der akademischen Basis, der Frauenanteil mit 52 Prozent fast dem der Bevölkerung. Bis nach A 16, den Schulleitungspositionen, nimmt dieser Anteil nahezu äquidistant auf 17 Prozent ab. Weibliche Lehrkräfte stehen ihren Kollegen wirklich in nichts anderem nach als in den Aufstiegsmöglichkeiten und der Bezahlung. Was ist dies sonst als eine patriarchale Struktur?

*Sollte mit dem Hinweis auf solche Strukturen das hierarchische System gemeint sein, so ist darauf hinzuweisen, daß dieses nicht nur für Schulen, sondern für den gesamten öffentlichen Dienst und darüber hinaus Gültigkeit hat.*

Der Streit um die Henne und das Ei. Wir werden ihn heute nicht lösen. Wenn Sie aber von „Gültigkeit" sprechen, scheinen Sie das auch für gesetzeskonform zu halten.

Kommen wir zurück zum konkreten Schulalltag. Wollen wir trotzdem einmal unterstellen, Sie möchten am Fächerkanon etwas zugunsten der Mädchen verändern, wie autonom sind Sie dann?

*Die Möglichkeit der Landeshauptstadt München und ihrer Schulen, Einfluß auf die Gestaltung von Stundentafeln für die einzelnen Schularten o. ä. zu nehmen, liegt darin, Anträge im Hinblick auf gewünschte Änderungen oder Ergänzungen an das Bayer. Staatsministerium für Unterricht und Kultus zu stellen.*

Also zwar keine „Zuständigkeit für mögliche Änderungen", aber doch Handlungsmöglichkeiten. Wir haben da z. B. das speziell bayerische Problem, von dem sich die Landeshauptstadt – bisher wenigstens – noch nicht gelöst hat: den Handarbeitsunterricht. Er bedeutet für Mädchen in bestimmten Klassenstufen, daß sie wöchentlich zwei Stunden länger die Schulbank drücken müssen als Jungen. Ich erinnere mich, daß ich mir Mitte der fünfziger Jahre einen Direktoratsverweis wegen einmaligen Fernbleibens vom Handarbeitsunterricht eingehandelt habe. In der GRÜNEN-Stadtratsanfrage wird demgemäß von „Zwangsverpflichtung“ gesprochen.

*In dem Handarbeitsunterricht für Mädchen muß nicht zwangsläufig eine Diskriminierung gesehen werden. Zudem möchte das Schulreferat von einer „Zwangsverpflichtung“ im Hinblick auf Pflichtunterricht nicht sprechen. Zur Problematik des Handarbeitsunterrichts an Gymnasien zum Beispiel ist folgendes zu sagen: Vor dem Hintergrund einer Normenkontrollklage eines Elternpaares gegen die Verpflichtung von Mädchen, nicht aber von Knaben, die ein Gymnasium besuchen, zur Teilnahme am Handarbeitsunterricht wird vom Bayer. Staatsministerium für Unterricht und Kultus festgestellt, daß keine willkürliche Ungleichbehandlung von Mädchen und Knaben in dieser Tatsache zu sehen ist. Das Staatsministerium strebt gleichwohl aufgrund eines Beschlusses des Bayer. Landtags an, in den Jahrgangsstufen 5 und 6 des Gymnasiums die Fächer Handarbeiten und Werken für Mädchen und Knaben in gleicher Weise als Wahlpflichtfächer anzubieten.*

Wozu das Ministerium mittlerweile sogar verpflichtet ist aufgrund der Entscheidung des Bayer. Verwaltungsgerichtshofs vom Mai 1987 zu ebendieser Normenkontrollklage. Also keine Doppelbelastung für Mädchen mehr?

*Der Realisierung dieses Vorhabens stehen dem Vernehmen nach augenblicklich zwar keine lehrplanmäßigen, wohl aber noch – bayernweit gesehen – personelle und räumliche Schwierigkeiten entgegen.*

Bei der „Lehrerbedarfsplanung“ sind eben selten die Zeichen der Zeit rechtzeitig erkannt worden, um so weniger, wenn es an die „patriarchalen Strukturen“ geht.

Aber kommen wir zu einem anderen „Fach“, der Selbstverteidigung. „Für das Leben lernen wir“, heißt es so schön. Was tun Sie zum Schutz des geborenen weiblichen Lebens?

*Selbstverteidigung ist im Rahmen des Differenzierten Sportunterrichts in Form der Sportart Judo grundsätzlich möglich. Weitere Sportarten können ggf. im Einzelfall nach Genehmigung durch das Bayer. Staatsministerium für Unterricht und Kultus angeboten werden, also wohl auch weitere Sportarten, die dem Aspekt Selbstverteidigung gerecht werden.*

Ich würde hier Wen-Do vorschlagen, um es nicht bloß beim „Aspekt" zu belassen. Bei Wen-Do müssen sich die Mädchen nicht erst durch jahrelanges Expertentum von Gürtel zu Gürtel arbeiten, um dann doch nur eine faire Sportart zu beherrschen, statt mit ein paar gekonnt unfairen Schlägen typische Angriffsarten abzuwehren bzw. den Angreifer frauhaft niederzuschmettern. Ihre Tochter, die ich zwar nicht kenne, würde das im hoffentlich nie gegebenen Moment sicher gern anwenden. Die Initiatorinnen der GRÜNEN-Stadtratsanfrage bemängeln auch, daß das, was Differenzierter Sportunterricht genannt wird, vielfach nur eine Alternative zwischen Gymnastik und Handball ist. Wie sehen Sie das?

*Das Angebot im Differenzierten Sportunterricht ist keinesfalls auf die Wahl zwischen Gymnastik und Handball beschränkt, wobei Handball als relativ harte Sportart keinesfalls im Sinne der vorgetragenen Kritik eine sogenannte Mädchensportart darstellt. Handball rangiert dabei keinesfalls an erster Stelle; Volleyball ist auch bei den Mädchen viel beliebter. Im Differenzierten Sportunterricht werden in München alle 21 dafür vorgesehenen Sportarten – wenn auch mit unterschiedlicher Dichte an den einzelnen Schulen – angeboten. Darunter befindet sich auch Fußball für Mädchen. Weitere Sportarten sind auf Antrag hin möglich.*

Wir kennen das auch vom Zustandekommen von Leistungskursen der Kollegstufe: Wie kann man eine genügende Zahl auf ein bestimmtes Fach hin- oder wegorientieren, ganz „freiwillig", so daß die Wahl auch mit dem gewünschten Angebot übereinstimmt. So erklärt sich wohl die von Ihnen erwähnte

„unterschiedliche Dichte", von der sich Mädchen nichts kaufen können, wenn eben nur zwei oder drei von ihnen einen anderen Geschmack haben als die noch konformen Klassenkameradinnen.

Bisher haben Sie uns nur gesagt, daß Selbstverteidigungsunterricht grundsätzlich möglich ist. Wie steht es nun damit in dieser unserer Stadt?

*Das Angebot von Judo – als einer Sportart, die sich zu Selbstverteidigungszwecken eignet – ist im Rahmen des Differenzierten Sportunterrichts an den Schulen für Knaben und Mädchen möglich. Es kann auch koedukativ durchgeführt werden, wenn beim Üben eine Trennung nach Geschlechtern erfolgt. Gegenwärtig wird Judo in München an drei Gymnasien, an einer Realschule und an einem Berufsbildungszentrum angeboten.*

Sprechen Sie hier von den 126 städtischen Schulen, oder meinen Sie gar alle 358 öffentlichen Schulen Münchens? Der Prozentsatz ist in jedem Fall als äußerst gering zu bezeichnen. Was wird getan, um diesen Mißstand zu beheben, bzw. wo könnten Probleme liegen?

*Finanzielle Probleme beim Einsatz entsprechend ausgebildeter Honorartrainer stehen sicherlich nicht im Vordergrund. Nur wenn ihr Einsatz einen sehr großen Umfang annehmen würde, könnte es zu Problemen bei der Verwendung städtischer Sportlehrkräfte kommen, weil sich die Zahl der zu haltenden Sportstunden entsprechend stark verringern würde. Aber damit ist schon deswegen nicht zu rechnen, weil die Nachfrage – auch bei einem entsprechenden Angebot – sehr gering oder nicht vorhanden ist.*

Woher wissen Sie das?

*Ergänzend ist in diesem Zusammenhang mitzuteilen, daß in der zweiten Hälfte des laufenden Schuljahrs 1986/87 vom Schulreferat/Schulsport ein Grund- und Aufbaukurs für Lehrkräfte aller Schularten in Judo durchgeführt wird, der im günstigsten Fall mit dem Erwerb einer Übungsleiterlizenz abgeschlossen werden kann. Diese Lizenz berechtigt zur Erteilung entsprechenden Sportunterrichts. Im Rahmen der staatlichen Lehrerfortbildung haben solche Kurse schon stattgefunden.*

Das sieht mir ganz nach Boris- oder Steffizucht in der immer noch relativ jungen olympischen Disziplin Judo aus oder wie ein Zugeständnis an den Fernosttrend, Asien, aber mit Leistung, bitte schön. Lebensrettende Selbstverteidigung scheint weniger gemeint zu sein.

Es fällt mir auf, daß Sie sich bereitwillig lange und scheinbar offen über Sport äußern – in der Presse sieht man Sie oft „mit Buben und Mädchen" auf Schulsportfesten –, bei „mens sana" jedoch reagieren Sie restriktiv: Ich erinnere an Sprache, Geschichte, Lehrbücher, Strukturen. Hier werden keine Fortbildungen in Aussicht gestellt, trotz der inzwischen vorhandenen Berge an wissenschaftlichem Material. Ich muß – um mit einem von Ihnen häufig gebrauchten Wort zu sprechen – sagen, „Sie haben Ihre Schularbeiten nicht gemacht"; und das ist um so bedenklicher, als Sie mit 43 Jahren wohl der jüngste aller dreizehn derzeitigen „Stadtminister" sind – überflüssig zu erwähnen, daß auch sie alle nur Männer sind.

Herr Üpsilon, es wäre noch über vieles zu sprechen gewesen. Erlauben Sie mir abschließend die Frage: Hätten sie mich wohl ausreden lassen, wären Sie zu diesem Gespräch wirklich anwesend gewesen?*

* Der kursiv gedruckte Text erschien so am 19.3.87 als Antwort des Schulreferats auf eine Anfrage der GRÜNEN in der *Münchner Rathausumschau*, dem offiziellen Informations- und Mitteilungsblatt der Landeshauptstadt München.

Das Zahlenmaterial und die Angaben zur Person von I.Ü. stammen ausnahmslos aus amtlichen Quellen.

Anne Rose Katz

# SCHNEEWITTCHEN UND DIE MAINZELMÄNNCHEN

## Frauenbilder im „Kleinen Fernsehspiel“

Woran erkennt das Publikum sein ZDF? Richtig, an den Mainzelmännchen. Männlich, jedoch geschlechtslos krähen die putzigen Zwerge das Zweite ein, Männchen zum Gernhaben, solange niemand auf ihren Stühlchen sitzt, von ihren Tellerchen ißt, ihr Programmchen macht. Schon gar keine Frauen. Der nichterwachsene Mainzelmann will sich seine Märchenfrau selbst noch im progressiven „Kleinen Fernsehspiel“ konservieren: Unwirklich und möglichst noch hinter den sieben Bergen soll sie weiterleben in der Rolle von Schneewittchen, Dornröschen, Aschenputtel, der bösen alten Hexe, der Stiefmutter und der Prinzessin, die den Prinzen erlöst – und wenn er auch ein Froschmaul hat.

Übrigens, so gefährlich sind die Frauen in den Medien ja gar nicht. Jedenfalls nicht die, die in die Auswahl kommen. Der Unterschied zwischen weiblicher und männlicher Regie springt kaum ins Auge, so daß sich der zipfelmützige Mainzelmann sagen könnte: „Frauen als Regisseurinnen nutzen zwar nicht, aber richten auch keinen Schaden an.“ Und wenn schon am Lack gekratzt wird, so tun das beide Geschlechter.

Nun also, wie zeigt der Mainzelmann Frauen im experimentellen Nachtprogramm?

Vor allem: Die Frauen in 20 untersuchten Produktionen von 1976 und 1986 sind schon äußerlich normiert, trendkonform – alle sind jung, schlank, attraktiv, kosmetisiert. Sie bieten sich in einer bestimmten Aufmachung an – weil sie so sein sollen? –, sie müssen sich schmücken, fremden Idealen anpassen, verstellen, um standzuhalten, sich einer vorgegebenen Verpakkungsästhetik unterwerfen. Der sichtbar gebliebene traditionelle Minderwertigkeitskomplex. Drei Ausnahmen von der Regel: eine als Outdrop angelegte Streunerin, eine alte Frau, wenn auch gut konserviert, eine brasilianische Hure.

Die Darstellerinnen im experimentellen Fernsehspiel mit weiblicher Problematik unterscheiden sich äußerlich kaum von den Modellen, die wir aus der Werbung kennen. Die Verschwörung um das angepaßte Frauenbild ist sozusagen interdisziplinär: Covergirl Marke „Ich rauche gern" (dafür esse ich nix). Die stromlinienförmige sexuelle Attraktion scheint bei Besetzung und Darstellung der weiblichen Rollen wichtigster Punkt, egal, welch aufgeklärter Inhalt, welch progressive Form transportiert werden soll. „Frau Königin, Ihr seid die Schönste hier. Aber das junge Schneewittchen hinter den sieben Bergen bei den sieben Zwergen ist tausendmal schöner als Ihr!" Schön, das bedeutet: körperlich begehrenswert. Frau Königin und Schneewittchen sind auch im „Kleinen Fernsehspiel" Sexualobjekt geblieben, Gleichberechtigung hin, Emanzipation her.

In zwei von zwanzig Fällen wird der Objektcharakter der Frauen wenigstens thematisiert. Es sind zwei unterschiedliche Darstellungen aus dem Bordell-Milieu. In den anderen Filmen wird die körperliche Ausstrahlung der Schauspielerinnen als Stimulans kalkuliert. Für wen? Für die Redaktion? Fürs Publikum? Für die Befriedigung des Produktionsteams? Oder sie wird unbewußt benutzt. Angepaßter Geschmack. Niemand wagt, mit einer Hauptdarstellerin anzutreten, die von der vorhergehenden Fernsehansagerin ausgestochen werden könnte. Auch keine Frau.

## Mutter sein stört die Avantgarde

Die kindlichen Mainzelmännchen-Greise stammen natürlich aus der Retorte. Das sieht jede und jeder. Sie haben nicht einmal Leihmütter. Darum wird auch Mutterschaft im „Kleinen Fernsehspiel" der untersuchten Jahre nicht thematisiert. Mütter kommen nicht vor, mit einer Ausnahme und da passiv, als Tochtertrauma. Keine Mütter, also auch keine Kinder. Nur in zwei Filmen habe ich ein Baby gesehen, aber als Nebensache. Entspricht die Problematik der Mutterschaft nicht der Lebensrealität der Macherinnen und Macher? Oder ist die Mutterrolle, wie sie die Frauen seit Jahrhunderten gesellschaftlich deformiert spielen müssen, so sehr banaler Alltag geworden, daß ihre Thematisierung in den Augen von Machern und Redaktionen keinen progressiven Wert besitzt? Nicht mal in ihrer Negativ-Formel als „Abtreibung"?

Obwohl die Liebe, oder wie immer wir das Paarungsthema nennen wollen, den großen Teil des von mir vorgestellten Sektors beherrscht... Keine Scheu also vor weiblicher Biologie, soweit sie die körperliche Vereinigung steuert – Tabu aber für die ausgereiften biologischen Konsequenzen. Übrigens gilt das auch für das andere Ende der Klammer: Tabu für weibliche Homosexualität. Auch im experimentellen Film liebt Frau hetero, es sei denn, man überlasse sich den artifiziellen Fantasien von Werner Schroeter.

Das Experiment ist angeblich geschlechtsneutral. Da es aber nicht wie ein Laborversuch in steriler Atmosphäre abläuft, spielen Realitätspartikel aus der Welt, in der ja nun mal Frauen und Männer leben, in die Versuchsanordnung hinein. „Grad wie im wirklichen Leben“, wie der Bayer sagt. „Aber mir san die mehrern“, spricht die Bayerin, und das spiegelt sich noch immer in gar keiner Programmsparte des Fernsehens.

Was habe ich denn also gesehen, was mir als Frau progressiv und avantgardistisch dünkte, was mich vom Fernsehsessel riß? Ich konnte beruhigt sitzen bleiben, die Katze auf dem Schoß. Experimentiert wird in anderer Richtung, nicht auf die Emanzipation zu. Da hinkt die künstlerische Bearbeitung der Thematik sogar hinter der öffentlichen Diskussion her– das mag mit den langwierigen Vorbereitungen und Produktionszeiten der einzelnen Filme zu tun haben. Spontan auf aktuelle Diskussion zu reagieren – beispielsweise auf die Quotenregelung oder auf das Thema Leihmütter – ist im künstlerischen Bereich fast unmöglich. Selbst wenn die Mainzelmännchen den besten Willen haben – und den haben sie nur selten. Dennoch sind sie natürlich nicht generell gegen aufklärerische Tendenzen. Schließlich hat ja Aschenputtel eine erstaunliche gesellschaftliche Entwicklung genommen, und die Gänsehirtin am Brunnen kann nur auf dem zweiten Bildungsweg gelernt haben, Perlen statt Tränen zu weinen. Da kann man nicht einfach die Zipfelmütze über die Augen ziehen und sich der Entwicklung verschließen.

Beim Vergleich der Produktionen aus dem Jahr 1976 und dem Jahr 1986 fand ich keinen Fortschritt in der emanzipatorischen Entwicklung: Rein rechnerisch ist der Anteil der weiblichen Thematik im experimentellen Fernsehspiel bei 29,5 % im Jahr 1976 – hingegen sind es 1986 nur noch 18,7 %. Das Interesse (bei wem? bei den Machern? Redaktionen?) scheint in zehn Jahren eher abgeflacht zu sein, obwohl das Thema aktuell geblieben ist. Frauen protestieren heute eher lauter gegen den Ausschluß bei der Gestaltung von Welt und Leben. Daß dieser Protest erst allmählich ins öffentliche Bewußtsein dringt, ja, von der Mehrheit der Frauen erst langsam internalisiert wird, würde die Aktualität eher steigern.

## Ich bin solidarisch – und du?

Zahlenmäßig ist die weibliche Thematik im „Kleinen Fernsehspiel" zurückgegangen. Jedoch ist positiv zu vermerken, daß ebenfalls der Anteil der klassischen Liebhaberinnen-Opfer-Dramen zurückgegangen ist. Als wichtigstes dramatisches Motiv zeigt sich die weibliche Solidarität, die teils positiv, teils negativ abgehandelt wird: also gewährt oder verweigert wird. Das bedeutet eine Zurücknahme der Konzentration auf die Männer; der Einfluß des Mannes auf die weibliche Rollengestaltung schwindet – der Einfluß der Frau auf die Frau steigt.

Ich möchte dies neue Motiv als ein je privates auf kollektivem, gesellschaftlichem Hintergrund bezeichnen.

Interessant in dieser Hinsicht erscheint mir ein Film aus dem Jahr 1976: *Ich heiß' Marianne. Und Du?* von Uschi Reich. In traditioneller Erzählweise wird die Geschichte einer Ausreißerin, einer Unangepaßten, verfolgt, die aus den Klischees herausfällt. Und das noch auf dem Dorf. Übrigens auch äußerlich herausfällt. Hier verläßt die Besetzung das traditionelle Covergirl-Schema. Da wird dann das fehlende Make-up optisch zum sozialen Stigma.

Thematisiert wird weibliche Solidarität – ein aktuelles, neues, unsicheres Erfahrungsgebiet. In diesem Film ist es die Solidarität zwischen Vertreterinnen verschiedener Klassen mit unterschiedlichem Bildungshintergrund und auseinanderliegenden Lebenszielen. Drei Frauen machen glaubhafte Lernversuche im privaten wie im sozialen Bereich. Lehrstückhaft. Ein Stück weibliche Utopie, aber nicht abgehoben von der Realität.

Auch in *Erikas Leidenschaften* von Ula Stöckel findet sich dieses Thema, aber stärker analytisch aufgefächert. Das unterstreicht noch die Schwarz-Weiß-Kamera, feministische Theorie. Zwei unterschiedliche Frauen, eine Berufsfrau, eine ewige Studentin, Freundinnen, als Prototypen gezeichnet, geben bewußt und unbewußt Seelenstoff zu Protokoll. Täuschungen und Selbsttäuschungen verknoten sich teils, teils lösen sie sich auf. Der Film erfüllt eine Art Wunschtraum der modernen Frau, nämlich: Sie könne in Gesprächen mit rückhaltloser Offenheit alles erklären und begreifen. Ula Stöckel hat weibliche Verhaltensweisen genau abgebildet, in denen ich mich als Frau ertappt fühle.

In *Ein Blick aus dem Fenster genügt* konstelliert der holländische Filmer Jakob Bijl eine ähnliche Situation zwischen zwei Frauen, die jedoch durch die ständige unsichtbare Präsenz eines Mannes abgelenkt wird. Noch stärker ist der soziale Gegensatz zwischen den beiden, einander zunächst fremden Gesprächspartnerinnen herausgearbeitet; die eine ist abhängige Ehefrau, die andere selbständige Fotografin (doch wird letzteres nur behauptet, nicht gezeigt). Die lethargische Hausfrau bezieht *scheinbar* eine gewisse Kraft und Stärke von der anderen. Aber nur, solange der Ehemann abwesend bleibt, im Gefängnis.

Bei seiner Rückkehr, die mit der Abreise der anderen Frau zusammenfällt, rastet alles wieder in die alte Spur ein. Auch hier ist ein gewisser Lehrstückcharakter nicht zu verkennen, der Regisseur bezieht nicht Partei. Er besetzt beide Frauen gleichrangig, führt sie gleich wichtig. Eine Präferenz scheint er nicht zu haben, höchstens eine gewisse Überheblichkeit: Hausfrauen sind selbst an ihrer Misere schuld, warum machen sie nichts aus ihrem Leben? Geraldine Chaplin war rollenkonform, die lebensuntüchtige, schöne, verhuschte Neurotikerin. Utopie, Veränderung war von Anfang an nicht vorgesehen.

## Töchter

Daß eine junge Frau zu ihrer Mutter auf Distanz geht, ist zeitgemäß und legitim. Die Tochter in einem Film von Chantal Akerman stellt Distanz schon räumlich her. Sie hat ihren Wohnsitz von Belgien nach Amerika verlegt, nach New York. *Briefe von zuhaus*, so der Titel, ist vermutlich autobiographisch. Jedoch stellt die Filmemacherin sich nicht in den Vordergrund, sie tritt gar nicht auf. Sie läßt aber die Mutter in ihren Briefen ungehemmt zu Wort kommen.

Die Deutlichkeit, mit der da eine „gute" Mutter sich decouvriert, schmerzt, schockiert. Dabei verrät schon die Anrede „Töchterchen" an ein erwachsenes weibliches Kind, was die Schreiberin will: Dies Kind soll kleingehalten werden, unselbständig für die eigne Lebensführung, damit die Ratgeberin unentbehrlich bleibt. Und sie soll sich nicht zu einer Konkurrenz auswachsen.

Der ständige Vorwurf heißt: „Du schreibst mir nicht genug." Das alte Grundmuster: Die Mutter will am Leben der Tochter partizipieren, weil sie ihr eignes geopfert hat. Familienstoff in den Briefen (Vater, Schwester, Tante, Krankheit und so weiter) soll als Klebemittel dienen. Das erlaubt keine wirkliche Kommunikation. Kreatürlich-Verbindendes, was dann aber auch mit weiblicher Sexualität zu tun hätte, wird zwischen Mutter und Tochter total ausgespart. Die Korrespondenz findet zwischen einer (scheinbar) Bestimmenden und einer Abhängigen statt, der man zwanzig Dollar zusteckt. Die Distanzierung der Tochter wirkt wie ein scharfes Skalpell, aber auch als ein treffendes Kunstmittel.

Demgegenüber befaßte sich ein englischer Beitrag von Ken McMullen in hochkünstlerischer Weise mit dem Clinch Vater-Tochter. Ein mächtiger Vertreter des Patriarchats, Trotzki, macht seine Tochter Zina (so heißt auch der Film) kaputt – durch Nichtbeachtung. Sie kann sich gerade deshalb nicht von ihm lösen und geht zugrunde. Ihr erster Satz im Film, als sie in Berlin einen Psychoanalytiker aufsucht: „Über mich ist nichts zu sagen." An diesem Einzelschicksal soll eine bestimmte psychosoziale Prägung demonstriert werden, ein Mechanismus, dem Frauen unterliegen können: das Flehen um die Anerkennung des Vaters. Privates Erleben und gesellschaftlicher Unterdrückungsmechanismus verschränken sich im Film, und das, wie so manches Mal, ausgerechnet im Milieu politischer Aufklärung und revolutionärer Weltverbesserung.

## Die kranke Frau

Ein schönes Thema! Wer krank ist, ist nicht gesund und daher Opfer. Gern der Verhältnisse, denn die sind anonyme Mächte. Aber manchmal machen sie auch einfach selber alles falsch, die kranken Frauen, und dann gibt es den „Drehtür"-Effekt in der Psychiatrie: Die Patientin wird drin geheilt, draußen wieder krank, wird wieder eingeliefert und so weiter. In der *Drehtür* (so ein Film von Andreas Kettelhack) gibt den letzten Tritt auch noch eine andere Frau, weil die Krankheitsgeschichte in ein erotisches Dreieck hineinkomponiert wurde – und die andere verweigert in der Konkurrenzsituation die weibliche Solidarität.

In *Agoniff* ist der Autor (Gernot Eigler) der Arzt und der Regisseur – die Frau, schizophrene Patientin, sozusagen *die* Schizophrene, ist einer dreifachen Autorität in Helferpose unterworfen. Sie wird zum Objekt. Der Film verliert auch rasch das individuelle Schicksal aus den Augen – vor lauter Hilfsbereitschaft.

*Edvige Scimitt* (Regie: Matthias Zschokke) ist das verfilmte

Tagebuch eines Schweizer Dienstmädchens. Schon die Deformation des Namens Scimitt statt Schmitt im Ausland setzt ein sichtbares Zeichen für die Deformation dieser weiblichen Person, die trotz vieler Schicksalsschläge immer dem bürgerlichen Traumbild vom Aufstieg in die Gesellschaft nachjagt. Einfühlend hat der Regisseur einmal diesen Leidensweg im erfundenen Dialog auf den Punkt gebracht: „Lieben Sie denn gar nichts an sich?“ fragt der ausbeuterische Liebhaber. Und sie antwortet: „So eine wie mich kann ich nicht lieben.“ Hier verstärkt psychische Unterdrückung die gesellschaftliche. Ein fanatischer amerikanischer Erweckungsprediger im Film bringt uns auf die religiöse Wurzel der selbstzerstörerischen Schuld- und Unwertgefühle von Frauen.

Unter gesellschaftlichen Aspekten sei auf die doppelte Unterdrückung aufmerksam gemacht: Edvige als Dienstmädchen und als Sexualpartnerin. Dazu kommt die Diskriminierung als Ausländerin, die mit dem Verlust der Heimat gekoppelt ist. Sie gerät immer weiter in die Isolierung, ins Aus – gerät damit auch „außer sich“ – ins Irrenhaus.

In *Himmel und Erde* von Gerlind Reinshagen, einem Theaterstück, das von Karl Fruchtmann theaterähnlich verfilmt wurde, findet eine Krebskranke auf dem Totenbett zu sich selbst.

Fast nur in Monologen bricht sich eine Krankheit, die zu Beginn noch verdrängt werden kann, mit tödlicher Realität Bahn. Der beiläufige Plauderton der Hauptdarstellerin zu Beginn – eine starke Frau, die ihr Leben gemeistert hat – steigert sich zum tragischen Ausbruch. Erschreckende Einsichten in die Erbärmlichkeit des eignen Lebens und in die Unabwendbarkeit des Todes bescheren der Kranken noch eine kurze Spanne. Die Katharsis auf dem Totenbett wird von ihr als emanzipatorische Erkenntnis erlebt.

Raffiniert hat die Autorin die Krankengeschichte und ihre möglichen psychosozialen Ursachen dramatisch verflochten.

Unter hochgehenden Emotionen verbirgt sie eine weibliche Moral, die frau finden kann: Du sollst genau hinschaun, du sollst innehalten und dir Rechenschaft ablegen, du sollst ehrlich zu dir selbst sein.

## Die Frau als Ware

Prostitution muß sein, also auch in unserem Programm, darauf bestehen die Mainzelmännchen, die ja selten allein, meist in hellen Haufen auftreten. Und da sie kein einziges Mainzelfrauchen zugelassen haben, müssen sie Verständnis dafür haben, daß weibliche Gesellschaft gesucht und gefunden werden muß. Und sei's gegen Geld.

In zwei Beiträgen, je einem von '76 und '86, wird auf unkonventionelle Weise mit dem Thema umgegangen – ohne jede Hurenromantik und voller Mitgefühl für die weiblichen Hauptfiguren, denen nicht verächtlich begegnet wird.

*Iracema* von Horge R. Bodanzky ist ein gebautes Dokument. Der Film zeigt die fast noch kindliche Iracema, wie sie ganz selbstverständlich in die Prostitution einsteigt – der einzige Arbeitsplatz, der ihr offensteht. Die Ausbeutung des unerschlossenen Amazonasgebiets wird als Metapher genommen für Ausbeutung des Menschen und besonders des weiblichen Menschen in dieser Region Brasiliens. Prostitution auf niedrigster sozialer Stufe in einem allgemeinen, aber straff organisierten Elend. Kirche und Militär betonieren die Verhältnisse. Fast nur wortlose Kommunikation, scheinbare Gefühllosigkeit sind die Zeichen dieser Erstarrung. Nur ein Gefühl tritt zutage: Angst. Die kleine Hure ist eine billige Massenware und daher jedem Verbraucher ausgeliefert. Sie hat nicht einmal einen Zuhälter – das wäre in dem Milieu vermutlich schon ein Luxus. Von Persönlichkeit kann keine Rede sein, weil das arme Mädchen nur reagieren kann im Spielraum der Unterdrücker. Welche Persönlichkeit hat ein Grashalm, der sich hinter dem Fußtritt wieder aufrichtet?

In *Splitternacht* von Marie André dasselbe Thema, Prostitution, in unserem Kulturkreis dargestellt. Die Filmemacherin hat auch eine Metapher für den Warencharakter dieses Gewerbes gefunden: die Frachtschiffe im Hafen von Antwerpen, die beladen und gelöscht werden – von Männern. Sie konzentriert die Aufmerksamkeit auf die Beziehung zwischen Prostituierter und Zuhälter. Der sexuelle Güterverkehr hat hierzulande den mächtigen Zwischenhändler, der die Situation zwar von Fall zu Fall entschärft, doch das seelische und ökonomische Elend vergrößert. Dieses Mädchen kann sich aber Gefühle leisten, Sehnsucht nach Liebe, Frustration im Beruf. Eine Art Selbstgenuß am eigenen Körper, mit dem zärtlich, vorsichtig umgegangen wird – Spiegel, Schminke, Klamotten. Die Kamera rückt nahe, aber nicht als Voyeur, eher als Kumpel, der aufmuntert: Hallo du, jung und hübsch wie du bist, könntest du auch was anderes machen. Wähl doch, such dir 'ne Chance. Das Mädchen strahlt eine gewisse Stärke aus, auch gegen den brutalen „Beschützer". Man möchte nachhelfen als Zuschauerin, daß ein optimistischer Funke überspränge.

## Arbeitswelt

Soll das Bordell nicht als typische weibliche Arbeitswelt angesehen werden, dann ist eigentlich nur einmal „Arbeitsplatz" Thema eines Films (im Jahr '76). Es geht in *Rosinen im Kopf* um den fehlenden Arbeitsplatz, um die Jagd nach einer Lehrstelle. Rita Quittek und Theo Gallehr haben ein schnörkelloses Bild entworfen, wie die Lage für einen weiblichen Lehrling auf dem Dorf oder in der Kleinstadt aussieht. Eine konservative Dunsthaube, die gesellschaftliche Erkenntnis, Öffnung verhindert, gerann zur Großaufnahme. Dahinter wird vage ein utopisches Bild aufgezogen: Wenn du nicht aufgibst, dann geht's schon voran.

In diesem reportagenhaft spröden Film ist das Stilmittel der Trennung von Körper und Stimme der Hauptperson eingesetzt. Eine weibliche Auszubildende, noch im Stadium der Suche nach einer Lehrstelle, erzählt im Off ihre Geschichte. Eine andere – vermutlich auch Laiendarstellerin – muß stumm agieren. Die beiden Hälften wirken authentisch. Ob authentischer als die totale Person, bleibt dahingestellt. Der Grund der Persönlichkeitsspaltung? Vielleicht war das junge Mädchen zu scheu, um sich vor der Öffentlichkeit auszustellen. Oder die Macher waren mit ihrer Person nicht zufrieden, weil sie vielleicht, nur mal angenommen, nicht dem obengenannten weiblichen Klischee entsprach.

Nicht die Mainzelmännchen, sondern die Jungfilmerinnen Uschi Reich und Maria Neoucleus haben ihren Figuren Marianne und Silvia – in einem Nebenstrang der Handlung – auch einen Beruf verpaßt, als Schritt auf eine Selbständigkeit zu, als Unabhängigkeitsindiz von Gesellschaft und Mann. Welchen Beruf? Beiden ist der gleiche eingefallen: Friseuse. Sehr lange dürften sie da nicht nachgedacht haben. Und die Arbeitswelt ist ja nun auch wirklich nicht so wichtig für die jungen Frauen, wie frau sieht (beziehungsweise überhaupt nicht sieht).

## Alter schützt vor Torheit nicht

Claudia Holldack hat einen gesellschaftspolitischen Film gedreht, *Die Illusion der Möglichkeit*, was schon daran zu sehen ist, daß die Titelheldin eine alte Frau ist – wenn auch gut verpackt. Die Illusion der Möglichkeit, das ist die falschverstandene materielle Emanzipation, deren Ziel nicht ein neues Leben, sondern neuer Lebensstil ist. Da dies aber ein antiquierter Wunsch ist, läßt die Autorin ihre Heldin kurzerhand daran sterben.

Salon-Dame gegen Unwürdige Greisin aus der Brecht-Küche: Die Autorin hat dieses Thema an einer deutsch-deutschen Geschichte abgehandelt. Eine rüstige DDR-Witwe möchte auf ihre alten Tage noch mal im Salon posieren. Warum, wird nicht so ganz klar. Sie bricht die Brücken hinter sich ab und zieht gen Westen. Es gelingt ihr ein gewisser Aufstieg, so daß sie bald über die bekannten Statussymbole verfügen kann, einschließlich der Reise an die Costa Brava. Aber es gelingt ihr nur, indem sie andere alte Frauen ausbeutet. Die imaginierte Möglichkeit von einem Neuanfang in der zweiten Lebenshälfte im Gelobten Land läßt sich nicht verwirklichen. Angeblich.

Seltsamerweise bringt die Filmerin nur unsympathische Frauen vor die Kamera, deformierte Weibs-Bilder. Es fällt mir schwer, sie einzuordnen. Soll damit eine prinzipielle Anklage gegen die patriarchalisch verhunzte Welt zum Ausdruck kommen – in einem Aufwasch mit der Denunziation der Konsumwelt? Oder ist dem Film diese Verzerrung einfach passiert? Es ist jedenfalls kühn im Sinne der weiblichen Emanzipation, den Feministinnen eine Negativ-Heldin vorzusetzen. Vielleicht ist das experimentell?

## Die Frau als Un-Frau

Kunstfiguren – ein Lieblingsspielzeug der Zipfelmützen. Frauen, die Emotionen transportieren, aber auf die Ferne: Kino, Bühne. Die selbst nie den „Kunsttempel“ verlassen, und wenn, dann nur frevlerisch und unter verdienter Strafe. Malibran, Callas, Callas, Callas... heilige Caecilie der frauenverachtenden Musensöhne. Ein powerfulles Machwerk auf dem Trip mit den Unfrauen ist der fast schon Kultfilm *Der Tod der Maria Malibran* von Werner Schroeter. Hier fällt stark der tyrannische Kunstzwang auf, der vom männlichen Regisseur über weibliche (mit nur einer Ausnahme) Darstellerinnen und

Figurantinnen verhängt wird. Die Gesichter sind durch schreierisches Make-up entpersönlicht, die Stimmen oft durch Opernpartien ersetzt oder der Untermalung durch ekstatische klassische und sentimentale Unterhaltungsmusik ausgesetzt. Körpersprache wird zur Stummfilmgestik verfremdet. Anstelle von Situationen gerinnen Bilder zu Posen. (Kurioserweise heißen ja diese leblosen Posen ausgerechnet lebende Bilder.) Hauptsächlich werden die Frauen zu einer Opferhaltung verdonnert, zu Verzweiflung, Entsagung, Erniedrigung. Das formale Experiment wirkt wie eine Bestrafung des dressierten weiblichen Geschlechts, das allenfalls in Schönheit sterben darf. Der Tod steht auch im Titel, obwohl er trügerisch die Beschäftigung mit einer historischen Figur vortäuscht. Mir erscheint der schwülstige Kunstkintopp-Film frauenverachtend.

## Schlußbetrachtung

Frauen machen mehr Filme und bekommen sie auch abgekauft oder finanziert. Sie unterscheiden sich in ihrer Tätigkeit bisher nur unwesentlich von ihren männlichen Kollegen.

Frauen kommen in Filmen vor, meist noch als die alten Märchenfiguren Marke Herz und Schmerz, werden jedoch in dieser Funktion genauer reflektiert, können mit Mitgefühl rechnen. Entwicklungsgeschichten bleiben oft im Ansatz stecken. Resignation statt Phantasie und Utopie. Zum Beispiel auch bei der *Walschen* von Werner Masten, die den Aufbruch aus dem Dorf wagt, die sich der Abrechnung durch die Männerwelt stellt, die aber im neuen Leben von ihrem Geliebten in der Stadt nur halbherzig angenommen wird. Er besteht auf der Männerkumpanei mit seinen Freunden, die die „Walsche" ablehnen.

Selbst im experimentellen Feld (mit der Plazierung gegen Mitternacht, die ja schon über die Akzeptanz entscheidet) findet televisionär kein Gegenentwurf Raum, in dem die Frau als eigenständige Persönlichkeit agieren könnte. Meist ist sie doch nur in einer Funktion annehmbar, als Tochter, Geliebte, Ehefrau; oder als Nichtfunktionierende. Das Umfeld Beruf, Politik, Selbstbestimmung wird als Thema höchstens gestreift.

Nimmt das wunder? Da, wo die Entscheidungen fallen, in den Anstalten, in den Gremien, in den Auswahlkomitees – da sitzen ja noch immer die Mainzelmännchen.*

* Dieser Bericht wurde in abgewandelter Form als Referat (vorgegebener Titel: „Frauen als Regisseure, Frauen als Charaktere") gehalten bei einer Tagung des Sonderforschungsbereichs „Ästhetik, Pragmatik und Geschichte der Bildschirmmedien" an der Philipps-Universität Marburg, Institut für Neuere Deutsche Literatur.

Eugenie Marlitt d. J.

# DIE PHASENVERSCHIEBUNGEN DES HONIGMONDS

## Frauenroman-Ehen im Angebot

Sie ist jung und modern und aufgeklärt und selbstbewußt. Oder mittelalt oder alt und modern und so weiter. Sie ist, „Brigitte“/„Cosmo“ & Co. sei Dank, so klug, so tüchtig, so erfolgreich und unabhängig, wie sich's die „Gartenlaube“-Abonnentin allenfalls erträumen konnte. Sie will schon als Teenie-Frau später einmal alles: Ausbildung, Beruf, Geld, Sex, Liebe, Glück, Freiheit, Mann, Ehe und irgendwann Kind. Ist ihr da, angesichts der vorherrschenden Meinung, noch zu helfen? Es ist.

Lebenshilfe steht für sie in jeder Buchhandlung bereit, Lebenshilfe zum Anfassen, zum Mitnehmen. Nein, gemeint sind nicht die schönen teuren Pflegebücher von Garten, Tier und Kochtopf für die Frau, die höchstens Beschäftigungstherapiewert haben. Gemeint sind die Liebes- und Eheromane in Serien, die sich Frauen-Reihe nennen, Frauen in der bzw. und Literatur oder sonstwas mit Frau (Tips für weitere Reihen: F. oder/trotz/statt/ohne L.) – genauer gesagt: der Großverleger belletristische Rezeptesammlung zur Bewältigung all der Krisen und Probleme, die Frauen haben müssen, die alles haben wollen.

Der Roman von Frau zu Frau, vom Büchermacher als Taschenbuch oder als Wälzer ins Leben verlegt, beschreibt grundsätzlich, wie es einer geht, die sich Berufsarbeit zu Haus- und Kinderarbeit, Emanzipationsarbeit zu Ehe- und

Beziehungsarbeit auf die schmalen Schultern packt: rundum beschissen, um es in Kürze und Klarheit zu fassen. Womit die Leserin zur preiswerten Selbstanalyse und Eigentherapie gelangen soll: Anderen Frauen, nämlich die im Roman stehen, geht es noch schlechter als mir, die im Leben steht. Dazu die Binsenweisheit: Die Szenen einer Ehe müssen im Leben wie im Roman erstritten und erlitten, durchliebt und durchgestanden werden, bis daß der Tod oder das Familiengericht euch scheidet. Das Buch kann weggelegt, die Träne weggewischt werden: Nach dem Strickmuster der Roman-Liese soll sich die Frau wie gehabt dem Leben mit dem Männer-Du tapfer stellen (Happy-End), zumindest für einen Anlauf zur nächsten Nächstenliebe bereit halten (Open end).

Eine – freilich nie zu großzügig bemessene – Dosis Feminismus-Gewürz hat ihr die schreibende Schwester schon darüberstreuen dürfen, damit sich die Leserin nicht für ganz dumm gekauft vorkommen soll: Das Image des Roman-Manns ist angekratzt, ganz wie im wirklichen Leben, was ihn indes – Moral der Geschicht' – je schwächer um so erlösenswerter macht. Opium für die kleingeschriebene „neue frau".

Aber, um Objektivität zu bemühen, das bisher Behauptete könnte ja auch versuchsweise einmal als Unterstellung bezeichnet werden. Es könnte doch auch sein, daß Verleger bessere Menschen sind als angenommen. Daß sie die Emanzipationsbewegung der Frau in der Gesellschaft (*in* der Gesellschaft, nicht dagegen, auch nicht draußen vor der Tür) väterlich-gönnerhaft an sich nehmen, um sie landauf, landab zu verbreiten. Und daß sie sich allein zu diesem guten Zweck eine Reihe anfeministisierter bis durchemanzipierter Autorinnen halten. Schließlich gehört es zum Verlagsgeschäft, beim Trend dabeizusein, anstatt Bücher am laufenden Band am Geist bzw. Ungeist der Zeit vorbei zu produzieren.

Schreiben sich doch inzwischen auch Männer mit eigenartigen Sätzen ihre Alpträume („Manchmal liegt Anna nachts noch wie ein Inkubus auf mir"), ihren Frust („Lena schlief wie eine Stöckin neben mir"), ihre Verlassenheit („Aber mein freies Glied schlug jede Erinnerung an ein Gestern tot") und ihre Katastrophen („Denn auf dieser Welt, auf diesem Rest von Welt, wagte Cassidy nicht mehr an die Liebe zu denken") von der wunden Seele. Aber wann wurde solcher Unsinn verlageweit explizit zur Männer-Reihe, zur Botschaft? (Was sich allerdings damit erklären ließe, daß die überschwemmende Autoren-Buchkultur auch ohne den Sonderstempel „Mann" als Männer-Verlagsprogramm erkennbar ist.)

Polemik hin, Geschäfte her: Wenn Frauen Bücher schreiben, wollen sie gelesen sein. Auf gut Glück sei also hinein- und herausgelesen, wie das Frauenroman-Leben so spielt. Vor allem, welche Art Spiele die Romanehe für Frauen zur Kurzweil bereithält.

## Das Fangspiel

Merke: Jeder Mann, der einer alleinstehenden Frau in den Weg läuft oder in den Arm fällt, ist ein potentieller Ehemann. Sie muß ihn nur zu nehmen wissen.

1. Er und sie sind hoch betagt und überreif. Sie möchte, Torschlußpanik und so, aber ob er?

> „Sie reden, als ob Sie alt wären, Jean."
> Er sah sie eindringlich an. Ich gefalle ihm, dachte sie. Sie hatte Lust, ihm zu sagen, daß es Zeit war, höchste Zeit. (...)
> „Ich bin fünfzig. Das Leben rinnt mir durch die Finger wie Sand", sagte er mit gesenktem Kopf, als spräche er zu sich selbst.
> Ich bin fünfunddreißig, und ich habe genauso Angst wie du, dachte sie.
>
> (Annick Geille, Eine liebende Frau. Knaur 1986)

2. Da stammelt ihr einer von Liebe und legt ihr demütig al-

les, was ihn zum Manne macht, in Selbstaufgabe vor die Füße.

„Ich habe noch nie vorher über so etwas nachgedacht", er sprach langsam und suchte nach den passenden Worten, „ich hatte so viel damit zu tun, die Kanzlei in Schuß zu bringen und mir einen Namen zu machen. Es ist ja eine Art Spiel. Das mag ich. Aber jetzt – ich bin ja nicht mehr der Jüngste – jetzt möchte ich so gerne eine Frau haben, dich, die ich mag – die ich liebe", es klang so, als sei ihm das Wort gänzlich ungewohnt – „ja, liebe", wiederholte er.

(Herdis Møllehave, Helene oder Die Verletzung. Rowohlt 1985)

3. Männer verstehen freilich beim ernsten Thema Ehe grundsätzlich wenig Spaß.

„Worauf soll ich warten?" fragte sie müde, „aufs Heiraten vielleicht? Quält Sie Migräne? Heiraten Sie. Leiden Sie unter Fettsucht? Heiraten Sie. Ist Ihr Kind schwer erziehbar? Heiraten... Was soll man bloß den Leuten raten, die schon verheiratet sind?"

„Die Scheidung. Außerdem habe ich nicht vom Heiraten gesprochen", sagte Christian.

(Monika Maron, Flugasche. Fischer 1981)

## Das Lotteriespiel

Merke: Früher, als sich Verliebte vor der Ehe noch nicht so nahe rücken durften, mag es wie beim Poker möglich gewesen sein, daß sie die Karten zu spät zu sehen bekamen. Heute werden dieselben zumeist früher aufgedeckt. Trotzdem sei Frauen empfohlen, den Traum vom Großen Los aus der Glückstrommel weiter zu träumen.

1. Bei einer Frau darf ein Mann ruhig Schwäche zugeben, wenn es sonst niemand sieht.

Manchmal weint Rolf.

„Wenn ich wüßte, wie ich dir helfen könnte", sagt Ruth.

„Es gibt Dinge, die muß man allein durchmachen", sagt er. Er nimmt ihre Hände, küßt sie. „Man ist von Kindheit an drin", sagt er. „Da muß man sich allein durchkämpfen oder resignieren."

„Wir schaffen es schon", sagt Ruth.

(Dagmar Chidolue, Ruth hat lange auf den Herbst gewartet. Fischer 1986)

2. Der sanfte Tyrann festigt schon vor dem Trauberechtigungsschein seine Besitzansprüche.

„Alena!" Daniels Stimme klang tonlos. „Hast du mich verstanden? Du stürzt mich ins Unglück, wenn du mich verläßt. Gib dir doch ein wenig Mühe. Und laß uns wieder glücklich sein so wie im Sommer."

(Angelika Kopečný, Abschied vom Wolkenkuckucksheim. Fischer 1986)

3. Hier stimmt einfach alles: Er ist stark im Bett, sie ist stark in der Bewunderung für ihn im Bett.

Die Männer sind im Grunde so zerbrechlich. Deshalb spürte ich, ohne etwas von Freeman (!) zu wissen, seine Unruhe während des ersten Teils der Nacht, in der, trotz seiner Sanftheit, seiner Bestimmtheit, trotz allem, was sein männlicher Körper in fünfzig Jahren an Erfahrungen, Technik und Wissen angesammelt hatte, er denken mußte, daß es mit mir nicht klappen würde. Aus dieser Unruhe riß ihn dann seine Überraschung, und ich nehme an, seine Freude, als er triumphierte.

(Annick Geille, a.a.O.)

4. Zwei spielen Vorehe. Er kann seine Rolle schon ganz gut.

Zu dem Mann, den man zu lieben glaubt, gehört unweigerlich das Leben, das er führt. Sein Alltag. Bis jetzt war nichts alltäglich gewesen. (...) Dann kam jener Morgen, an dem zum ersten Mal der Wecker klingelte. Maximilian wachte auf, gähnte, rieb sich die Augen, schlurfte ins Bad. Ich schlurfte hinterher. Stand geistesabwesend in der Küche und ließ kochendes Wasser in den Kaffeefilter rinnen. Während

wir frühstückten, hörten wir schweigend die 7-Uhr-Nachrichten. Ich betrachtete mir meinen Spielkameraden von einst und fand ihn in seiner neuen Uniform – grauer Anzug, weißes Hemd, dezente Krawatte – äußerst befremdlich.
„Was wirst du heute tun?“ fragte er.
„Ooch, nichts Besonderes“, sagte ich.
„Vielleicht machst du schon mal die kleine Kehrwoche“, sagte er, „aber nur, wenn du wirklich nichts anderes vorhast.“
(Claudia Keller, Du wirst lachen, mir geht's gut. Knaur 1987)

## Das Puzzlespiel

Merke: Wenn Jaworte von Gott oder Standesbeamtem abgenommen, Ringe und Personenstand vertauscht sind, oder wenn zwei eheähnlich zusammenleben, hat es nichts zu bedeuten, wenn Männer mit einemmal wie ausgewechselt sind.

1. Frauen, die ab jetzt nur noch Ehefrauen sind, lernen sich besser bescheiden.

All die Jahre hindurch hatte ich davon geträumt, allein sein zu dürfen. Lieber zwischen Himmel und Erde baumeln, als so angekettet zu vegetieren: sitzen, wenn er sitzt, essen, wenn er ißt. Dasein, wenn er da ist, und dasein, wenn er weg ist. Er könnte ja telefonieren.“

(Katharina v. Arx, Als er noch da war. Ed. Erpf 1983)

2. Ich will hingehen, wo du hingehst. Diesem Bibelspruch gehorsam, folgte das Weib schon immer dem Mann – ins Gelobte Land, in den Wilden Westen, heutzutage nur in die Neubausiedlung.

Das Haus mitten auf der Wiese. Häuser auf dem Land sind billig, Abzahlung der Hypothek durch die Bank geregelt. (...) Sitzen dann in einem grauen Haus ohne Hypothekenlast mitten auf der Wiese, mitten im Dreck.

„Ich muß dir nicht sagen, daß ich dich liebe, wenn wir über die Tilgungsraten sprechen."
„Tust du's denn?"
„Was willst du überhaupt?"
(Dagmar Chidolue, Annas Reise. Fischer 1984)

3. Es ist nicht zuviel verlangt, wenn der Mann bei seiner Heimkehr aus dem feindlichen Leben seine Ruhe haben will.

„Ich hab schon was gegessen", sagte Hartmut.
„Warum kommst du so spät? Ich hab auf dich gewartet."
„Mein Gott, muß ich dir über jede Minute Rechenschaft abgeben?" sagte er wütend.
Halt den Mund, halt den Mund, sagte Karla zu sich selbst.
(Christine Wolter, Stückweise leben. dtv 1982)

4. Frauen sollten das mit den ehelichen Pflichten nicht so ernst nehmen.

Christian liegt neben mir, und mich überfällt eine lähmende Angst. Das ist nicht mehr Christian, das ist ein Mann, fremd wie andere. Gleich werden seine Hände prüfend über Haut und Fleisch fahren, ob sie den allgemeinen Ansprüchen auch standhalten, wird er auf Höhepunkte warten und wird, bleiben sie aus, das Prädikat frigide oder anorgastisch registrieren. Von mir bleibt nichts als das Stück Frau, das unter der Decke liegt, verkrampft vor Kälte und Anspannung.
Christian zündet eine Zigarette an, steckt sie mir in den Mund, schiebt seinen Arm unter meinen Hals, lacht still vor sich hin.
(Monika Maron, a.a.O.)

5. Diese Frau verhält sich richtig: Sie macht sich großherzig klein.

Daß sie sich immer schuldig fühlte, wenn sie auf ihrer Unabhängigkeit beharrte. Wie konnte sie jemand vor den Kopf stoßen, der sie so liebte? Und sie liebte ihn ja auch, bloß anders. Seine Liebe umklammerte sie, bedrohte, bedrückte, engte sie ein, aber es war zum Verrücktwerden: Sie war auch glücklich, daß er sie so brauchte, so an ihr hing.
(Angelika Kopečný, a.a.O.)

6. Wenn ihr die enge Idylle zu eng wird, weiß sie ein altes Hausmittel dagegen.

> „Ich möchte ein Kind, ein Mädchen, wenn möglich."
> Unter ihr ein Beben. Er stand auf. Lehnte sich gegen die Kissen.
> „Soll das ein Witz sein?"
> „Sehe ich so aus, als ob ich Witze mache?" sagte sie und wurde blaß.
> Er brach in Gelächter aus.
>
> (Annick Geille, a.a.O.)

Das Mühlespiel

Merke: Auch das Gesellschaftsspiel Ehe kann sich stetig steigern: (Tret-)Mühle auf – (Zwick-)Mühle zu.

1. Mancher Mann langweilt sich mit den Ehejahren und darf sich gehenlassen.

> Wohl hatte er nun alles, was man haben muß, um glücklich zu sein – ein Haus, ein gutes Einkommen, ein schönes Auto, eine Frau, einen Hund, zwei gesunde Kinder, keine Freunde. Aber Depardieu fand selbst das Glück langweilig; und das einzige, was ihm das langweilige Leben erträglich machte, war und blieb der Alkohol.
>
> (Hanna Axmann-Rezzori, Keine Zeit für Engel. Hoffmann und Campe 1982)

2. Manche Frau langweilt sich auch, sollte sich aber eigentlich nicht gehenlassen.

> Schließlich hast du mich noch nicht betrogen, sagte Giggenbacher.
> Aber ich war drauf und dran, es zu tun, erwiderte Bettina. Ich saß bereits auf Felix Besses Bett und hatte mir schon die Schuhe und die Strumpfhose ausgezogen, als mich der Gedanke an unser Kind davon abgebracht hat, in seine Arme zu sinken.
>
> (Gisela Elsner, Das Berührungsverbot. Rowohlt 1984)

3. Sie sollte dankbar sein, wenn er sie noch glücklicher machen möchte, als sie schon ist.

Weil Julio sich nie etwas Neues ausdenkt, nie improvisiert, weil er seit langem weiß, daß ich Rosen mag, (...) darum brauche ich auch nicht zwischen den vielen (...) Rosen nachzusehen, ich weiß auch so, dazwischen steckt ein Kärtchen, und auf dem Kärtchen stehen – ich brauche gar nicht hinzusehen – die drei Wörter des Rituals, „Ich liebe dich".

(Esther Tusquets, Aller Sommer Meer. Rowohlt 1981)

4. Dieser Mann hat eine gute Frau.

Mit einer gekünstelten Munterkeit begrüßte Alfred Giggenbacher, ein geradezu hünenhafter, zur Korpulenz neigender Mann, seine Frau, die mit zwei Tragtaschen hinauf zum dritten Stock stieg. Obwohl es ihm mittlerweile schwergefallen wäre, auf den Lebensstandard zu verzichten, den Bettina finanzierte, empfand er bei ihrem Anblick plötzlich Gewissensbisse, weil sie sich auch im neunten Monat ihrer Schwangerschaft nicht schonen konnte.

(Gisela Elsner, a.a.O.)

5. Kränkeln ist besser als nörgeln.

Angela fühlte jetzt immer häufiger morgens eine Unruhe, die sie bedrückte. (...) Sie wurde traurig, müde, manchmal auch so reizbar, daß sie schon das hartnäckige Summen einer Fliege störte. (...)

Peter wollte und mochte sie nichts sagen. Er sah sie wohl manchmal forschend an und fragte sie, ob die schwüle Hitze des römischen Sommers ihr auch bekäme, aber sonst war er so mit seinen neuen Aufgaben beschäftigt, daß er völlig in seiner Arbeit aufging.

(Hiltrud Minwegen, Hinter Spiegeln. Fischer 1985)

6. Am besten überfordert die Frau den geliebten Mann nicht allzusehr.

„Was ist los?"

„Ich kann nicht schlafen."

„Nimm ein Schlafmittel", sagte er. „Im Bad ist eines."

Er drückte einen Kuß auf ihre Wange, drehte sich, rollte sich in die Decken und war dabei, wieder einzuschlafen, als sie sagte:

„Jean? Ich habe Angst. Mir ist kalt."

„Hör zu, sei vernünftig."

Genervt seufzte er auf.

(Annick Geille, a.a.O.)

7. Falls das verflixte siebte Jahr endlich überstanden ist, lebt sie mit ihm glücklich weiter.

„Neun Jahre leben wir nun zusammen", sagte Karla. „Wir sind nicht sehr leidenschaftlich, nicht wahr, aber dafür haben wir Vertrauen und Vertrautheit..."

„Neun Jahre", sagte der Mann, und Karla hatte Angst vor seinem Gesicht.

(Christine Wolter, a.a.O.)

Das Pfeilspiel

Merke: Nicht nur, daß Ehenot erfinderisch macht, es scheint sich auch vieles auf eine Frage des Gebens und Nehmens zuzuspitzen.

1. Ein kleiner Streit zur rechten Zeit läßt häßliche Gefühle gesundschrumpfen.

Ich: Wenn morgen unsere Gäste kommen, muß ich einkaufen, und dafür brauche ich Geld.

Er (nach längerer Pause): Wer kommt?

Ich: Deine Freunde aus dem Club, die du zum Essen eingeladen hast!

Er: Wieso *meine* Freunde?

Ich (lauter): Ist doch egal, ob deine oder meine Freunde, jedenfalls hast du sie eingeladen, und sie wollen essen und trinken. (Erschöpft): Ich brauche Geld!

Er: Schon wieder? (...) Andere Frauen vergleichen die Preise!

(Claudia Keller, a.a.O.)

2. Als Abwechslung empfehlen sich auch neue eheliche

Spiele, z. B. die eine Schnipseljagd anderes Originelles.

Am fünften Tag fand sie einen neuen Zettel vor: „Ich möchte an sich mit dir reden. Peter", er fing jetzt an, die Zettel zu unterschreiben. Sie legte einen Zettel daneben: „Ich habe eine Konferenz und bin heute abend nicht zu Hause. Hättest Du GERNE statt an sich geschrieben, sähe die Sache schon anders aus. H."

(Herdis Møllehave, a.a.O.)

3. Drohgebärden des Männchens finden Frauen schon im Tierreich spannend...

„Komm nach Hause", sagte Karla, verwundert über den leisen, flehenden Ton in ihrer Stimme, und faßte ihn bei der Hand.

„Du", schrie Hartmut und machte sich los, „verschwinde, hau ab! Du, hau ab, sonst..."

(Christine Wolter, a.a.O.)

4. ... und versuchen sich ihrerseits an weiblichen Drohgebärden.

Als ich Victor mitteilte, daß ich beschlossen hätte, mich von ihm scheiden zu lassen, sah er kurz von seiner Zeitung auf und meinte trocken, ich solle ruhig gehen, wenn es mir nicht mehr passe, früher oder später würde ich ja doch auf allen vieren zurückgekrochen kommen.

(Claudia Keller, a.a.O.)

5. Ausbrüche können auch nach Dompteursart gebändigt werden.

An diesem Abend nahm sie von sich aus dankbar das Schlafmittel, das Peter ihr brachte. (...) Peter saß lange Zeit neben ihr und bewachte ihren bleiernen Schlaf.

(Hiltrud Minwegen, a.a.O.)

6. Riskant bleibt es immer, wenn Frauen aus dem Ehekrieg desertieren wollen.

„Wo willst du hin?" Er sah sie plötzlich scharf an.

„Darauf kommt es nicht an..."

Sie nahm einen tiefen Zug aus der Zigarette, fühlte sich schwindlig.

Er sprang auf und warf dabei seinen Stuhl um. „Du fährst nirgendwohin", brüllte er. „Ich lasse das Konto sperren, dann hast du kein Geld zu verreisen. Du bleibst hier!"
„Ich werde wegfahren", sagte sie leise. „Du kannst das Konto nicht sperren, mein Gehalt ist auch drauf."

(Herdis Møllehave, a.a.O.)

7. Besser, Frauen beißen die Zähne zusammen und geben sich geschlagen.

Wie lange braucht ein Auge, um zuzuschwellen? dachte Helene und betrachtete ihr Gesicht im Spiegel. Sie versuchte, eine Grimasse zu schneiden, aber es gelang ihr nicht. Er hatte sie auch auf den Mund geschlagen; die Unterlippe war geschwollen. Sie tupfte sich das Blut von den Lippen und tastete mit Zunge und Fingern ihre Zähne ab. Sie waren noch heil, aber ansonsten bot sie keinen schönen Anblick, stellte sie fest.

(Herdis Møllehave, a.a.O.)

Das Endspiel

Merke: Das Ehespiel bleibt spannend bis zum Finale, trotz oder wegen aller verspielten Chancen, wiederholten Fehl- und Rückschläge.

1. Entweder – und das ist immer noch die Regel – geht das Spiel unentschieden aus und in die nächste Runde.

Sie lehnte an der immer noch sonnenwarmen Mauer und wartete auf Peter. Die ersten Sterne funkelten. Er kam so leise, daß sie ihn erst spürte, als er dicht neben ihr stand und ihr Gesicht in beide Hände nahm.
„Hab ich dich wieder!" sagte er nur, dann gingen sie wie ein junges Liebespaar durch die erhellten Gassen.

(Hiltrud Minwegen, a.a.O.)

2. Oder – und das ist die Ausnahme – es muß halt eine die Verliererin sein.

> Plötzlich kam ihm seine Frau in den Kopf. (...) Er fragte sich, aus welchem Grund sie sich umgebracht hatte. Kurzfristig dachte er daran, daß die bevorstehende Scheidung unter Umständen einer der Anlässe für ihren Selbstmord gewesen sei. Doch dann verdrängte er diesen Gedanken. Er fand, daß er, indem er die Scheidung eingereicht hatte, völlig korrekt gehandelt hatte.
>
> (Gisela Elsner, Abseits. Rowohlt 1982)

3. Eine dritte Lösung: Die Frau gewinnt das Spiel, wenn sie ihre Strategie auf den ehrbaren Witwenstand ausgerichtet hat.

> Was für ein guter Mensch wird man, wenn man nicht mehr ist. (...) Eine Aura begann die Erinnerung an Feleti (den verschiedenen Gatten, Anm. d. Verf.) zu umdämmern.
>
> (Katharina v. Arx, a.a.O.)

Letzte Seite. Das war's auch schon. Schnell ausgelesen, so ein Grusel-Rührstück-Eheroman für die Frau. Bedeutungsschwanger-poetische Titel, dahinter kaum mehr als literarischer Kitsch.

Bleibt die Eingangsfrage, wieweit Verleger an ihren Werken als Frauenfreunde zu erkennen sind, wenn sie auf Herz und Schmerz für die Leserin setzen. Die verlegte Ehe als reihenweiser Frust von Papierfrauen: Da müßte die Leserin schon Masochistin sein, wollte sie den noch als Freizeitspaß zwischen Küche und Büro verschlingen, um sich dann doch hungrig schlafen zu legen – im angelesenen Glauben, daß morgen immer noch Zeit ist zum Aufstehn.

Margarete Bause

# DIE SCHULE DER DAMEN

## Über den (mehr oder weniger feinen) Prozeß der Neutralisierung der Frau in der Politik

Bei aller Kritik, die frau heutzutage an unseren Parlamenten haben kann – *eine* kulturerhaltende und zugleich zukunftweisende Aufgabe erfüllen sie immerhin: Sie erziehen Frauen zu Damen (wenn sie es nicht schon sind).

Wie ich darauf komme? Nun, ich selbst gehöre seit gut einem Jahr einem dieser erlauchten Institute an, und mann müht sich redlich ab, mir und meinen Kolleginnen tagtäglich eine geeignete Lektion in Sachen Umerziehung zur Dame zuteil werden zu lassen.

Es dauerte allerdings einige Zeit, bis uns zu dämmern begann, in welche Art Anstalt wir hier geraten waren. Zur entscheidenden Beschleunigung unseres Lernprozesses trug schließlich eine ganz spezielle Unterrichtseinheit bei. Nach unsren ersten zwei Monaten im „Hohen Hause" nämlich sahen sich die Volksvorbilder genötigt, zu etwas drastischeren Maßnahmen zu greifen, mußten sie doch erkennen, daß bei uns neuem tumbem Weibervolk die üblichen Mittel des dezenten Hinweises oder der freundlichen Ermahnung nichts fruchteten.

Die entsprechende Lehrstunde sah dann folgendermaßen aus:

**Erster Vizepräsident Möslein:** Das Wort hat die Frau Abgeordnete Psimmas.

**Frau Psimmas** (DIE GRÜNEN): Liebe Mitbürgerinnen und Mitbürger! Herr Präsident, meine Damen und Herren!

Liebe Kolleginnen und Kollegen!

(Abg. Leeb: Das ist wohl eine Schaufensterrede!)

Was Sie betreiben – das bezieht sich nicht nur auf Wackersdorf –, ist nur die Aufrechterhaltung und Verfestigung einer Gesellschaft, die schon in ihrer kleinsten Einheit, nämlich in der Beziehung zwischen Frauen und Männern, auf dem Prinzip der *Unterdrückung der Frauen* durch die Männer basiert.

(Beifall bei den GRÜNEN – Lebhafter Widerspruch von der CSU – Allgemeine Unruhe – Glocke des Präsidenten)

Frauen erleben trotz bestehender verfassungsmäßiger Gleichhaltungsgrundsätze tagtäglich von klein auf in allen Lebensbereichen Benachteiligung, Unterdrückung, Gewalt und Brutalität.

(Zurufe von der CSU)

– Sie könnten ruhig zuhören, meine Herren; das schadet Ihnen gar nichts. Vielleicht können Sie noch etwas lernen.

Daß Sie sich darüber als Männer – ich spreche hier alle Männer in diesem Raum an – wenig Gedanken machen, ist mir klar. Es betrifft Sie auch nicht. Als Männer können Sie die Gewalt in all ihren subtilen und offensichtlichen Ausdrucksformen zwar potentiell ausüben, aber niemals selbst erfahren.

(Zurufe von der CSU)

– Das fordere ich nicht.

Was für Sie selbstverständlich ist, müssen sich Frauen unter schwierigsten Umständen und gegen den massivsten Widerstand von Männern erst erkämpfen, und zwar in einer Gesellschaft, in der *Sexismus*, d.h. Benachteiligung aufgrund des Geschlechts, überall seinen konkreten Niederschlag findet. Ich glaube, die Frauen in der CSU-Fraktion und auch die in der SPD-Fraktion könnten ein Lied davon singen, wenn sie ehrlich wären.

(Zurufe von der CSU)

Ich erlebe es bereits in diesem Parlament. Hier wird ständig von Bürgern gesprochen, von Arbeitnehmern und von sonst wem. Über 50 Prozent der bayerischen Bevölkerung sind Frauen. Die Sprache erwähnt die Frauen aber gar nicht; sie kommen in der Sprache überhaupt nicht vor.

Eine Sprache, die Frauen nicht ausdrücklich erwähnt und vorkommen läßt, die einseitige Darstellung der Rolle der Frau, in den Schulbüchern zum Beispiel, ein verfälschender und die eigenständigen Aktivitäten von Frauen nicht berücksichtigender Geschichtsunterricht, frauenverachtende Darstellung in den Medien, Diskriminierung auf dem Arbeitsmarkt und am Arbeitsplatz, sexuelle Belästigung am Arbeitsplatz, Anmachen auf der Straße, körperliche und seelische Mißhandlung bis hin zum sexuellen Mißbrauch von Mädchen und Vergewaltigung auch in der Ehe,

(Abg. Spitzner: Da brauchen Sie keine Angst zu haben!)

das alles sind unsere Realitätserfahrungen als Frauen.

(Zuruf von der CSU: Wo leben Sie denn eigentlich? – Fortgesetzte Zurufe und Unruhe bei der CSU – Glocke des Präsidenten)

Leider ist der Herr Ministerpräsident jetzt nicht anwesend.

(Fortgesetzte Zurufe und Unruhe bei der CSU – Glocke des Präsidenten)

– Herr Tandler, Sie brauchen gar nicht so zu lachen. Hören Sie doch einmal zu! Wir sind ja auch so höflich und hören Ihnen zu.

Wenn der Herr Ministerpräsident noch von *Wahlfreiheit*– sprich: gleiche Lebenschancen oder Selbstverwirklichung – spricht, frage ich mich, wie diese angesichts der eben geschilderten Realität aussehen soll.

(Abg. Mittermeier: Das ist halt nicht die Realität!)

Die wirkliche Gleichstellung von Frau und Mann setzt für uns voraus, daß die finanzielle und daraus folgende psychische Abhängigkeit aufhört. Für uns kann das nur durch die Aufhebung der geschlechtsspezifischen *Arbeitsteilung* erreicht werden.

(Fortgesetzte Zurufe von der CSU)

Wir GRÜNEN fordern daher eine gleichmäßige Aufteilung der Erziehungs- und Hausarbeit auf Männer und Frauen.

(Beifall bei den GRÜNEN)

Das setzt natürlich eine drastische Verkürzung der Wochenarbeitszeit voraus, wenn auch keinesfalls die Einführung von Sonntagsarbeit.

(Fortgesetzte Zurufe von der CSU – Glocke des Präsidenten)

kann unserer Meinung nach gewährleistet werden, daß Selbstverwirklichung in Beruf, Familie und anderen wichtigen Lebensbereichen für Frauen und Männer möglich wird. Diese grundsätzliche Sichtweise gilt allerdings für uns selbstverständlich für *alle* von Menschen frei gewählten *Lebensformen* und Gemeinschaften.

Davon sind wir aber in unserer Gesellschaft noch weit entfernt. Diese Gesellschaft und ihre politische Führung vergiftet und zerstört täglich lebenswerte Umwelt. Sie bestückt unser Land mit Atomkraftwerken, Wiederaufbereitungsanlagen und Atomsprengköpfen. Sie ist nicht einmal fähig,das geborene Leben zu schützen, gibt aber vor, das *ungeborene Leben* durch Strafgesetze schützen zu wollen.

(Beifall bei den GRÜNEN)

Welche Grundsätze moralischer Art bzw. welche Vorstellung vom Verantwortungsbewußtsein der Frauen hat der Herr Ministerpräsident – Frau Stamm, das muß ich leider auch Sie fragen –, wenn er in seiner Regierungserklärung den Frauen unterstellt und vorwirft, noch im neunten Monat oder bis zum Tage der Geburt abzutreiben? Was ist das für ein Frauenverständnis, was ist das für ein Frauenbild, das in der Hauptsache von der CSU-Fraktion – leider auch von Frauen – vertreten wird?

(Beifall bei den GRÜNEN – Zurufe von der CSU, u. a. des Abg. Eykmann: Das steht doch in Ihrem Programm!)

Ungewollte Schwangerschaften – ich glaube, das wissen Sie so gut wie ich – entstehen meistens aus männlich bestimmter Sexualität, aus männlich bestimmtem Dominanzverhalten,

(Widerspruch von der CSU – Zahlreiche Zurufe, u. a.: Sie mit Ihrem Soziologendeutsch!)

aus der Arroganz von Männern, für Verhütung nicht zuständig zu sein, und aus einem Sexualverhalten, das die Vielfalt weiblicher Sexualität ausklammert bzw. überhaupt nicht wahrnimmt.

(Abg. Dr. Wilhelm: Woher wissen Sie denn das? – Abg. Niedermayer: Hiersemann, hör gut zu!)

Aus dieser Einsicht heraus fordern wir, daß ab sofort an allen bayerischen Schulen und Bildungseinrichtungen die Aufklärung über den Charakter *patriarchisch bestimmter Sexualität* ge-

währleistet ist. Partnerschaft und ein respektvolles und zärtliches Verständnis von Liebe, Eros und Sexualität müssen Erziehungsziel werden.
Ja zu Kindern und zu einem menschenwürdigen Leben zu sagen erfordert gleichzeitig ein klares Nein zu grenzenlosem Wachstum, Profitorientiertheit, Rüstung und Tod, weil diese gegen die Bedürfnisse von Frauen und Kindern gerichtet sind.

(Beifall bei den GRÜNEN)

Wenn der Herr Ministerpräsident 200000 *Abtreibungen*– wobei ich die Richtigkeit dieser Zahl bezweifeln möchte – als Skandal bezeichnet, dann sind für mich die von mir geschilderten Umstände, die Frauen zu Abbrüchen bewegen, der eigentliche Skandal. Die Frauen dürfen nicht verurteilt oder als Massenmörderinnen bezeichnet werden. Im Gegenteil! Wir alle – vielleicht lassen Sie sich auch einmal mit aufrufen; denn ich meine uns alle – sollten Lebensbedingungen schaffen, die Abtreibungen überflüssig machen.

(Beifall bei den GRÜNEN)

Ich persönlich spreche allen verantwortlichen Männern in Politik und Kirche in bezug auf weibliche Sexualität und Abtreibung jegliche Kompetenz ab.

(Beifall bei den GRÜNEN – Widerspruch von der CSU und Oho-Rufe)

Wir GRÜNEN sehen keine Notwendigkeit, einen Paragraphen des Strafgesetzbuches zu erhalten, der von Frauen ein verantwortungsloses Verhalten voraussetzt, wie es einfach nicht vorkommt.

(Unruhe und zahlreiche Zurufe)

Sonst, meine Herren – vielleicht hören Sie jetzt einmal sehr gut zu –, müßten Sie auf der anderen Seite die Zwangskasernierung von Männern befürworten; denn alle vier bis sieben Minuten wird in der Bundesrepublik Deutschland eine Frau von einem Mann vergewaltigt! Das ist Tatsache in dieser Republik.

(Zahlreiche Zurufe – Heiterkeit des Abg. Eykmann)

Das fordern wir allerdings trotz dieser Tatsache nicht. Bei uns GRÜNEN haben nämlich auch Männer erkannt – Gott sei Dank! –, daß die von mir geschilderten Merkmale Wesensmerkmale patriarchischer Kulturen sind, die alle sozialen Klassen durchziehen. Von daher sind die Männer bereit, ihr Rollenverhalten zu hinterfragen und die Forderungen von Frauen bei der Verabschiedung der Parteiprogramme konkret zu akzeptieren. Allerdings glaube ich, daß Ihre Männer davon noch sehr weit entfernt sind.

(Abg. Ritter: Wo leben Sie denn?)

Mißhandlung und Vergewaltigung von Frauen sind extremster Ausdruck der in unserer Gesellschaft vorherrschenden *Frauenverachtung.*

(Abg. Herbert Huber, Landshut: Sie ist auf einem Horrortrip!)

Wir brauchen keine Absichtserklärungen wie etwa in der Regierungserklärung, daß die Polizei die in empörender Weise gestiegene Gewalt gegen Frauen verstärkt bekämpfen muß. Was wir brauchen, ist die Förderung eines Umdenkungsprozesses; denn Vergewaltigung ist weder ein Kavaliersdelikt noch ein erotisches Abenteuer.

(Abg. Otto Meyer: Was glauben Sie denn, welche Auffassung wir da haben? – Weiterer Zuruf: Oberlehrerin!)

Mißhandlungen und Vergewaltigungen sind vielmehr ein vernichtender

Angriff auf unsere Persönlichkeit als Frau.

(Zurufe, u.a. des Abg. Herbert Huber, Landshut: Eine schützenswerte Frau sind Sie!)

– Vielleicht halten Sie endlich einmal den Mund. Ich rede ja auch nicht ständig dazwischen, wenn Sie reden.

(Widerspruch und Zurufe)

**Erster Vizepräsident Möslein:** Frau Kollegin, das ist ein unparlamentarisches Wort.

(Zahlreiche Zurufe von der CSU)

**Frau Psimmas**(DIE GRÜNEN): Haben Sie etwa Angst?

(Weitere Zurufe von der CSU)

– Herr Präsident, würden Sie so nett sein, für Ruhe zu sorgen?

**Erster Vizepräsident Möslein:**Ich darf darum bitten, daß wieder Ruhe einkehrt.

(Abg. Hiersemann: Dem Wengenmeier hat es die Sprache verschlagen!)

**Frau Psimmas**(DIE GRÜNEN): Ich hoffe, daß die Zeit, die Sie mir nehmen, von meiner Redezeit nicht abgezogen wird, sondern daß ich meine 15 Minuten Redezeit habe.

(Zuruf von der CSU: Wir hören gerne zu; es ist ganz lustig!)

Ich sage noch einmal: Mißhandlung und Vergewaltigung sind für uns weder ein Kavaliersdelikt noch ein erotisches Abenteuer. Mißhandlung und Vergewaltigung sind ein Angriff auf unsere Persönlichkeit als Frau. Sie rauben uns unser Selbstbestimmungsrecht und damit unsere Freiheit und Würde. Vergewaltigung und Vergewaltigungsandrohung, aber auch Mißhandlung sind Massenterror, der die Freiheit von uns Frauen begrenzt und uns von Männern abhängig macht.

Ähnlich sehen wir die Entwicklung im Bereich der *Reproduktionstechnik*. Bei dieser Entwicklung steht die technische Machbarkeit im Vordergrund, und auch dort sind es wieder hauptsächlich Männer, die den technischen Ersatz der Mutterschaft erforschen, nämlich Ärzte und Techniker, die die Fortpflanzung kontrollieren. Wir lehnen diese Technologie ab, da sie die soziale Dimension ignoriert.

(Beifall bei den GRÜNEN)

Zum Schluß

(Zuruf von der CSU: Gott sei Dank!)

– ich bin gleich fertig, Sie können dann gleich wieder in Ruhe unter sich sein – lassen Sie mich folgendes sagen: Für mich, für uns muß die Zukunft weiblicher werden.

(Frau Abg. Stamm: Sind Sie weiblich?)

In dieser weiblichen Zukunft haben AKWs, also Atomkraftwerke, Rüstung und Atomwaffen, SDI und Krieg keinen Platz mehr. Wir haben die Erde nur von unseren Kindern geborgt. Aber nicht nur deshalb fordere ich: Weg mit den AKWs und allen anderen Einrichtungen!

(Frau Abg. Stamm: Sind Sie weiblich?)

– Ich bin Frau, ja, und darauf bin ich stolz. Danke!

(Beifall bei den GRÜNEN – Zuruf von der CSU: Hoi!)

**Erster Vizepräsident Möslein:** Als nächstem Redner erteile ich dem Herrn Kollegen Freiler das Wort.

**Freiler** (CSU): Herr Präsident, Hohes Haus! Liebe Frau Psimmas, da ich Sie weder durch meine Rede noch sonstwie vergewaltigen will, bitte ich um Nachsicht, wenn ich auf Ihre Ausführungen nicht tiefer eingehe.

(Frau Abg. Psimmas: Das soll wohl ein Witz sein; zuhören hätten Sie sollen!)

Indes erkannten wir ungeschliffenen, widerspenstigen Frauen in diesem rüden Gebaren noch immer nicht das gekonnt bestimmte Hinführen zum erwünschten Erziehungsziel, sondern revoltierten öffentlich gegen frauenfeindliches und sexistisches Verhalten der CSU-Männer im Bayerischen Landtag.

Jetzt mußte die oberste Autorität des Hauses, der Präsident, eingreifen. Naiv hatten wir ihn noch als Richter angerufen, das schäbige Benehmen uns gegenüber zu ahnden. Doch väterlich-gütig klärte er uns endlich über Sinn und Ziel des Curriculums auf: frauen müßten sich halt „ladylike" verhalten, dann würden Männer sich auch „gentlemanlike" gebärden.

Diese Aufklärung stürzte uns zunächst in einige Verwirrung. „Ladylike" – was sollte das bedeuten? Warum nicht das deutsche Wort damenhaft, klang das zu sehr nach tantenhaft? Oder assoziierte er dabei gar Damenhaft(anstalt)? Oder wollte er sich mit dieser Vokabel nur als Mann von Welt zu erkennen geben, möglicherweise als Gentleman?

Was hieß es in bezug auf Manieren, Kleidung und Frisur? Unsicherheit ergriff uns nun schon in der Früh vor dem Kleiderschrank. Wirkte ein Kostüm zu aufgetakelt, Jeans zu burschikos, Turnschuhe zu schlampig, Pumps zu aufdringlich? War die Frisur nicht gepflegt genug, das Make-up zu stark aufgetragen? Sollten wir bei unseren zukünftigen Reden höflichlächelnd die diversen Geschmacklosigkeiten überhören oder uns besser gar nicht mehr zu Wort melden?

Wer hatte eigentlich den Begriff „ladylike" festgelegt, und auf welche Abhandlungen und Veröffentlichungen konnten wir bei der Aufarbeitung unseres Bildungsdefizits zurückgreifen? Knigge? Pappritz? Und was schließlich hatten wir zu befürchten, wenn Männer sich „gentlemanlike" benahmen?

Fragen über Fragen. Einige Anhaltspunkte ergaben sich in der von uns in dieser Sache einberufenen Oberlehrerkonferenz (Ältestenrat genannt nach der Sprachregelung unseres

Instituts). Hier wurde die unpassende schwarze Lederhose unserer Rednerin gerügt (obwohl Schwarz doch die Farbe der CSU ist), ihr aggressives Auftreten, ihr unweibliches Äußeres, ihr „diesem heiklen, hochsensiblen und brisanten Thema" völlig unangemessener Ton.

Das brachte uns immerhin ein Stück weiter in unserem zugegeben langwierigen Lernprozeß.

Auch eine bereits mit großem Erfolg durch die Damenschule gegangene Musterschülerin (die Leserin kennt sie schon aus obiger Unterrichtseinheit) bot uns via *Bayernkurier* unter dem Titel „Frauenpolitik als Farce. Ein Anliegen lächerlich gemacht" ihre Erklärungshilfe an.

„Nach meinen eigenen Beobachtungen", so schrieb die inzwischen mit dem Amt einer Staatssekretärin belohnte Dame, „wird im Bayerischen Landtag jedes weibliche Mitglied, das sich fraulich verhält, auch als Frau respektiert und wie eine Dame behandelt."

Das war nun sicherlich gut gemeint, doch begriffsstutzig, wie Frauen (nicht Damen!) nun mal sind, hatten wir alle Mühe, den Sinn dieser Verlautbarung zu entschlüsseln. Wir versuchten es zunächst mit der bewährten Methode der Umdrehung: „Jedes männliche Mitglied im Bayerischen Landtag, das sich männlich (?), mannhaft (?) verhält, wird auch als Mann respektiert und wie ein Herr behandelt."

Fehlanzeige. Dieser Unsinnssatz brachte kein Licht ins Damendunkel. Könnte es sein, daß auch der ursprüngliche Text eigentlich mißraten war und als solcher in der Abteilung *abstrusa et curiosa* abzuheften wäre? Das wollten wir unserer geachteten Dame denn doch nicht unterstellen, war es doch einer der wenigen Hinweise auf Lernziel und Lerninhalt, die wir wißbegierig gewordenen Schülerinnen in Händen hielten.

Auf die genauere Analyse folgte die erhellende Erkenntnis:

1) Eine weibliche Abgeordnete an sich kann nicht mit Respekt rechnen.

2) Respekt ist ein Gut der nicht-weiblichen Mitglieder des Landtags, den diese gewähren können oder auch nicht.

3) Frau wird erst durch den Respekt der nicht-weiblichen Abgeordneten zur Dame geadelt (oder neutralisiert); andererseits kann sie erst dann mit Respekt rechnen, wenn sie schon eine Dame ist.

4) Wehe der Frau, die als Frau behandelt wird.

Hier schließlich fiel es uns wie Schuppen von den Augen. Natürlich, die auf den ersten Blick verworrene Äußerung enthielt zur Gänze den Lehrplan unserer Anstalt.

Das Schema trat nun klar zutage:

| LERNZIEL | LERN-INHALT | DIDAKTISCHE METHODE |
|---|---|---|
| Dame | frauliches Benehmen | Respekt gewähren bzw. Mißachtung deutlich machen: z. B. durch Zwischenrufe, Zurechtweisungen, hämisches Grinsen, geflissentliches Übersehen … |

Die Mühe hatte sich gelohnt: Endlich waren wir zu des Pudels Kern vorgestoßen. Viele – von uns zunächst als widersprüchlich, wenn nicht als schizophren empfundenen – Gegebenheiten fanden nun ihre logische Erklärung.

Warum, zum Beispiel, wurde Ingrids Entgleisung „Vielleicht halten Sie endlich einmal den Mund" vom Präsidenten als „unparlamentarisches Wort" gemahnt, den Zwischenbemerkungen der Respektsinhaber jedoch würdevoll der ihnen gebührende Raum zugestanden? Na klar doch, wir Frauen verbauen uns mit derart provozierenden, unflätigen Reden selbst den Weg zur Dame, die potentiellen Gentlemen hingegen sehen es als ihre vornehmste Aufgabe, uns uneigennützig bei der raschen Beförderung zu eben jenem Ziel zu helfen. Bei uns ist es Aggressivität, bei ihnen Methode.

Warum, zum Beispiel, wurde anläßlich der folgenden Wortmeldung das Bedürfnis laut, sich über „Stilfragen hier im Hause“ einmal ernsthaft zu unterhalten?

**Zweiter Vizepräsident Dr. Rothemund:** Das Wort hat Frau Kollegin Bause.

**Frau Bause** (DIE GRÜNEN): Herr Präsident, meine Damen und Herren! Ich möchte die letzten Minuten unserer Redezeit noch dazu nutzen, zur Sprache zu bringen, was während der Aussprache zum Sozialetat Unglaubliches passiert ist: Herr Hillermeier hüllt sich in Schweigen über den Maßnahmenkatalog zur angeblichen *AIDS-Bekämpfung*. Ganz offensichtlich ist ihm die Ressortkompetenz zu diesem Bereich schon längst entzogen.

(Abg. Kamm: Leider wahr!)

Während die gesamte Republik kopfsteht und sich Schlagzeilen und Titelseiten mit dem Maßnahmenkatalog befassen, während ein Sturm der Entrüstung durch die Republik geht, auch bei den Koalitionspartnern in Bonn,

(Zurufe von der CSU)

ein Sturm der Entrüstung über Ihren unglaublichen Maßnahmenkatalog, der eine Katastrophe für alle ernsthaften Bemühungen darstellt, AIDS wirklich zu bekämpfen,

(Beifall bei den GRÜNEN – Zurufe von der CSU)

während all dies rund um uns herum passiert, hat die CSU-Fraktion die Dreistigkeit, einem Dringlichkeitsantrag von uns genau zu diesem Thema die Dringlichkeit abzusprechen.

(Zurufe von der CSU)

Um die Diskussion hier im Plenum zu verhindern, sind Sie sogar bereit, ihren eigenen Dringlichkeitsantrag zurückzuziehen. (...)

Deutlicher konnten Sie Ihr Demokratieverständnis nicht beweisen.

(Beifall bei den GRÜNEN)

Am 19. März hatten wir einen Dringlichkeitsantrag ähnlichen Inhalts eingebracht. Uns wurde nach einer Diskussion erklärt – ich zitiere aus dem Protokoll den Herrn Tandler –, es sei „ohnehin die Absicht der Staatsregierung, das angekündigte Hearing abzuwarten, bevor die Maßnahmen in Kraft gesetzt werden. Deshalb ist dieser Antrag“ – er meint unseren Antrag – „derzeit entweder gegenstandslos und wäre normalerweise zurückzuziehen, oder er wäre abzulehnen, wenn er aufrechterhalten werden sollte...“ Auf diesen Redebeitrag hin haben wir unseren Antrag zurückgezogen, um die Möglichkeit zu haben, hier noch einmal über das gleiche Thema zu reden. Damals sollten wir nicht darüber beschließen, weil noch abgewartet werden sollte, und heute sollen wir nicht einmal mehr darüber diskutieren. Es ist Ihnen offensichtlich lästig, auch noch Argumente finden zu müssen für Ihren unglaublichen und unmenschlichen Horrorkatalog.

(Beifall bei den GRÜNEN – Zurufe von der CSU)

Was hier am Rande der Durchsetzung

des Zwangsmaßnahmenkatalogs passiert, ist nichts anderes als die effektive Selbstentmachtung des Parlaments.

(Zustimmung von den GRÜNEN)

Ich kann Sie nur auffordern: Lösen Sie doch Ihre Parlamentsfraktion auf und lassen Sie sich in den Bordellen als Kondomüberwacher anstellen!

(Beifall bei den GRÜNEN – Heiterkeit bei der SPD – Lebhafter Widerspruch von der CSU)

**Erster Vizepräsident Möslein:** Das Wort hat die Frau Abgeordnete Stamm.

(Anhaltende Unruhe)

**Frau Stamm** (CSU): Herr Präsident, meine sehr verehrten Damen und Herren! Ich verwahre mich namens meiner Fraktion gegen diesen Stil hier im Hause.

(Lebhafter Beifall bei der CSU)

Ich hoffe nicht, daß es zukünftig gang und gäbe werden sollte, daß wir in einer solchen Art und Weise miteinander umgehen.

(...) Frau Bause, wir verwahren uns gegen das, was Sie hier gemacht haben.

(Zurufe von den GRÜNEN)

(...) Es geht darum, unsere Geschäftsordnung einzuhalten.

(Frau Abg. Bause: Die Geschäftsordnung legt nicht fest, daß AIDS nicht dringlich ist! – Gegenrufe von der CSU – Unruhe – Glocke des Präsidenten)

(...) Frau Bause, ich weise noch einmal mit allem Nachdruck zurück, daß wir unsren Dringlichkeitsantrag heute zurückgezogen hätten, weil wir nicht bereit wären, über die Sache zu diskutieren. Wir mußten vielmehr zur Kenntnis nehmen, daß es nach der Geschäftsordnung kein Dringlichkeitsantrag ist, und dem haben wir uns gebeugt.

(Beifall bei der CSU – Anhaltende Zurufe von den GRÜNEN – Glocke des Präsidenten)

**Erster Vizepräsident Möslein:** Ich darf darum bitten, daß wir miteinander reden und nicht alle zur gleichen Zeit.

(Zurufe von der CSU: Mit denen kann man doch nicht reden! – Unruhe – Glocke des Präsidenten)

Ich bitte jetzt, auch auf der rechten Seite wieder Ruhe einkehren zu lassen.

Mir wurde berichtet – ich habe es nicht gehört, meine beiden Schriftführer haben es auch nicht gehört –, daß der Herr Kollege Richter die Frau Abgeordnete Bause als dumme Gans oder als Gans bezeichnet hat.

(Abg. Bäumer: Unverschämtheit! – Weitere Zurufe von den GRÜNEN und der SPD)

Wenn das im Protokoll verzeichnet ist, werde ich ihm dafür einen Ordnungsruf, eine Rüge, erteilen.

(Zurufe von den GRÜNEN – Glocke des Präsidenten)

Behalten wir doch den Stil des Hauses bei, den wir bisher hatten!

Heute ist mir alles klar. Mein Verhalten war nicht nur gänzlich stilwidrig und undamenhaft und gefährdete somit das Erreichen des Klassenziels, es bedrohte gleichzeitig auch den Lernerfolg der anderen anwesenden Frauen. Solch taktlose Vokabeln wie Bordell oder Kondom sind nämlich nicht nur unpäßlich – pardon, unpassend – für den Mund einer Dame, sondern auch für deren zartbesaitete Ohren.

Schließlich verstehen wir nun auch, warum die Einstellung von Frauen in die Schutzpolizei in Bayern, im Gegensatz zu anderen Bundesländern, ein nahezu unüberwindliches Problem darstellt. Hier schaut man eben noch auf seine Damen, und die sind am besten an Schreib- und Kaffeemaschinen aufgehoben, aber doch nicht auf Streife und schon gar nicht amtlich ausgestattet mit Autorität und Waffe. „Wir wollen doch keine Flintendamen", meinte denn auch entsprechend vornehm ein CSU-Abgeordneter im zuständigen Ausschuß zu einem derart perversen SPD-Ansinnen.

Vor kurzem durfte ich endlich Hoffnung schöpfen, in die gute Damengesellschaft aufgenommen zu sein. Bei einem Empfang, zu dem ich „mit Begleitung" eingeladen worden war, begrüßte ein Herr (sicher ein Gentleman) zuerst meinen Begleiter und erkundigte sich interessiert nach seiner Funktion, sodann erfreute er mich mit dem Kompliment: „Und Sie sind wohl die dazugehörige Dame?"

Endlich! dachte ich, die Hohe Schule war nicht umsonst. Aber dann kam schon der nächste Dämpfer für mein Selbstwertgefühl: Mit dem Dame-Werden und -Sein ist es offenbar noch lange nicht getan. Unsere geschätzte Musterschülerin ist uns schon wieder meilenweit voraus: Sie hat sich inzwischen zum „weiblichen Element" weiterverfeinert. Aus Anlaß ihrer Ernennung zur Staatssekretärin ließ sie die erstaunte Öffentlichkeit wissen, der Ministerpräsident habe „unabhängig von meiner Person gut daran getan, das weibliche Element in seinem Kabinett zu stärken".

Bleibt nur noch die Frage: Wann ist frau fein genug, um als weiblicher Puderzucker ihre Aufgabe zu finden, und wie lange dauert der Mahlprozeß?

# DIE NATÜRLICHE ORDNUNG ALS SCHUTZBEHAUPTUNG

Luise F. Pusch

# ZWEI GLEICHNISSE VON DER GLEICHSTELLUNG

Erstes Gleichnis:

Es war einmal eine gesellschaftliche Stufenleiter. Ganz oben stand der Mann, ganz unten die Frau. Die Frau, nicht faul, machte sich auf den Weg und kraxelte zu ihm empor. Da waren beide gleichgestellt, und wenn sie nicht gestorben sind, dann sind sie noch heute oben und gleichgestellt.

Zweites Gleichnis:

Es war einmal ein Mann, der war ganz oben und blickte stolz und frei und gelassen in die Runde. Er saß auf den Schultern einer Frau. Die Frau begann zu murren, da beschloß der Mann, sie gleichzustellen. Er richtete der Frau eine Gleichstellungsstelle ein, ernannte sie zur Frauenbeauftragten und befahl ihr, für ihre Gleichstellung endlich Sorge zu tragen. Seither bemüht sich die Frau, auf ihren Schultern Platz zu nehmen. Es will und will ihr nicht gelingen, denn erstens sitzt da schon der Mann, und zweitens – habt ihr schon mal von einer gehört, die auf ihren eigenen Schultern sitzen konnte?

Was könnte die Frauenbeauftragte tun, um ihren Auftrag auszuführen? Den Mann absetzen – wäre sie dann gleichgestellt? Irgendwie schon, beide müßten auf eigenen Füßen stehen. Aber die wundervoll komfortable „Stellung“ des Mannes besteht ja schließlich gerade darin, daß er das nicht muß.

Und wenn sie sich auf die Schultern des Mannes setzt? Dann ist sie ihm noch immer nicht gleichgestellt, denn er sitzt auf den Schultern einer sanften, geduldigen Frau, und das ist viel weicher und ruhiger und gemütlicher. Es bleibt kein anderer Weg: Die Frau muß endlich lernen, auf ihren eigenen Schultern zu sitzen.

Die Leserin mag nun selbst entscheiden, welches Gleichnis mehr unserer Wirklichkeit entspricht. Meine Meinung: Die Gleichstellung ist nicht nur logisch unmöglich, sondern auch überflüssig, denn wir Frauen sind den Männern doch sowieso schon lange gleich bzw. wurscht.

Marianne Grabrucker

# QUOTIERTE MÄNNERLOGIK

## Plädoyer für die Gleichberechtigung der Männer

Männer behaupten für sich die Logik schlechthin, im besonderen aber in Rechtswissenschaft, Gesetzgebung und Rechtsprechung gepachtet zu haben.

Bei näherer Betrachtung erweist sich allerdings, daß diese Logik lediglich eine Methode zur Aufrechterhaltung männlicher Vorteile darstellt, mit historisch wechselnder Begründung, mal dummdreist, mal intellektuell verbrämt dumm, aber immer in sich schlüssig im Normengefüge zur Erweiterung und Aufrechterhaltung männlicher Domänen. Es ist eine Logik, die in fast magischer Weise immer zum positiven Ergebnis für die männliche Hälfte der Menschen führt und sich aus den eigenen Zirkelschlüssen nicht herauslösen kann. Es ist die männlich quotierte Logik.

Frauen sollten sich hüten, dieser Logik in ihren Gedankengängen zu folgen und sich darauf einzulassen, anstatt den Spieß einfach umzudrehen. Es gilt, der bisher herrschenden Argumentation die völlige Umkehrung der Gedanken entgegenzusetzen, dem System den Männerkopf abzuhacken und alles auf Frauenbeine zu stellen. Ist die patriarchale Umwertung der Dinge wieder rückgängig gemacht, sieht alles gleich anders aus.

Bleiben wir doch beim Begriff der Quote.

Von Frauenquoten reden neuerdings alle „fortschrittlich" sich dünkenden Personen, von rechts bis GRÜN. Gemeint ist damit, daß ein bestimmter Anteil von Arbeitsplätzen für Frauen reserviert sein soll. Je nach politischer Farbe ist dieser Anteil nun größer oder kleiner, übersteigt jedoch nie die 50-Prozent-Grenze und bleibt damit geringfügig unter dem weiblichen Bevölkerungsanteil von 53 Prozent der Gesellschaft.

Von Männerquoten reden wenige Frauen, Männer schon gleich gar nicht. Sie scheinen nicht zu existieren. Hier wird der Wald vor lauter Bäumen nicht gesehen, denn anders ist es nicht zu erklären, daß die Totalquote der Männer nicht als solche benannt und gesehen wird – was es aber ist, wenn ausschließlich Personen männlichen Geschlechts in Führungs- und Machtpositionen sitzen und Frauenleben regieren und dirigieren.

Sehen wir uns doch den Arbeitsalltag gemäß seiner völlig verdrehten männlichen Argumentation an.

Da heißt es bei der anstehenden Versetzung einer Frau in einen Führungsposten: „Ja, liebe Frau Kollegin, Sie haben da ein Loch, und daran liegt es, daß wir Sie nicht auf diesen Posten setzen können." Gemeint war das Loch von drei Jahren Kinderbetreuung, um Mißverständnissen über die deutliche Ausdrucksweise eines Präsidenten vorzubeugen und seine Aussage nicht in Mißkredit zu bringen, hier würde wegen des Geschlechts diskriminiert.

Viele Frauen und alle Männer betonen, daß Quotenregelung schon deshalb unsinnig sei, weil dann eine Frau nur wegen ihres Geschlechts und nicht wegen ihrer Qualifikation genommen würde. Dies ist keine Diskussion mehr wert und deshalb kein echtes Problem. Es gibt genug qualifizierte Frauen. Aber, so frage ich mich immer wieder, ist denn noch nie ein Mann auf die Idee gekommen zu vermuten, er sei lediglich ein Quotenmann, weil er auf die Stellenanzeige „Wir suchen den dynamischen, durchsetzungsfähigen Fachmann in unserer mondänen Klobrillenabteilung" den Job erhielt? Er wird sich nicht zu verteidigen haben, und die Kolleginnen werden nicht in der Kantine lächelnd mit Blick auf ihn tratschen: „Ach der,

der ist ja nur ein Quotenmann. Wieder mal so eine Alibifigur!" Das alles geschieht nicht, denn „Mann" steht immer gleichzeitig auch für qualifiziert. Oder wie steht es mit den Richtern, die nach Aussage eines Präsidenten ernannt werden, „weil wir jetzt erst eine Dame ernannt haben und die nächsten Plätze nun erst mal wieder an die Herren gehen – dafür müssen Sie schon Verständnis haben, Frau Kollegin!". Alles Quotenmänner, und keiner lamentiert darüber oder ist gekränkt, weil er nur wegen seines Geschlechts genommen wurde.

Gleiches gilt für das Problemstereotyp der Qualifikationsfrage. In dem Maße, in dem dem Mann grundsätzlich die Qualifikation unterstellt wird, hat die Frau sie in der Quotendiskussion geradezu manisch unter Beweis zu stellen. Aber auch hier trägt der klare, unverstellte Blick in den Alltag einiges zum Durchschauen männlicher Logik bei. Jeder Betrieb, jede Behörde schleppt einen gewissen Teil männlicher Arbeitskräfte mit, die zwar bei ihrer Einstellung die formale Qualifikation aufwiesen, sich aber dann doch als schlecht oder lediglich mittelmäßig herausstellen. Sie sind schlicht und einfach „Pflaumen", und ich behaupte und weiß aus eigener Vorgesetztenposition, daß es die allgemein tolerierte Männer-Pflaumenquote gibt. Nur bei Frauen soll dies wieder keine Gültigkeit haben. Es wäre ja auch eine Unmöglichkeit, eine bloß mittelmäßig gute Frau auf einem Führungsposten sitzen zu haben, wie wir es allenthalben von Männern gewohnt sind. Aber Frauen waren in dieser Hinsicht immer schon sehr empfindlich, überfleißig und erfüllten ihr Soll zu gut.

Diese neu entstandene, gesellschaftlich wirkende Idee von Frauenquoten geht von Frauen als defizitär definierten Wesen aus und soll ihnen mit Hilfe von „Förderung" in allen Lebenslagen – in der Ausbildung, vor dem Kind, nach dem Kind, in den 40ern, kurzum, eigentlich immer – zur Angleichung an die Position des Mannes verhelfen. Auf den ersten Blick sieht das verführerisch erleichternd für Frauen aus, und wir beteiligen uns an der Diskussion. Aber drehen wir die Definition um, hinterfragen den Begriff der Frauenquote, so stellen wir fest, daß wir uns in dieser Diskussion vollkommen in Männerlogik verheddern. Wir haben uns die falsche Definition der Dinge aufdrängen lassen und gebrauchen sie sogar selbst.

Nennen wir das Kind beim richtigen Namen, dann ist es nämlich nicht eine Diskussion um die Einführung der Frauenquote, sondern um die Aufrechterhaltung der Männerquote in größtmöglichem Ausmaß. Wir sollten uns in Zukunft weigern, von Frauenquote zu reden, und statt dessen die Diskussion um die Beendigung der Männerquote eröffnen: wie Männer zu zwingen sind, die von ihnen usurpierten, ihnen zu Unrecht in den Schoß gefallenen Arbeitsplätze nicht länger zu besetzen oder bei Bewerbungen gar nicht erst zu erhalten.

Jedesmal, wenn wir das Wort „Frauenquote" benutzen, begeben wir uns in die Defensiv- und Defizitärsituation und versäumen, die richtigen Adressaten des „Frauenproblems" zu benennen: die Männer. In der Diskussion müßte das Wort „Männerquote" wie eine Zecke an jedem Mann als Nutznießer hängen.

Die Frauenquote kam erst ins Gespräch, als es sich nicht mehr verhehlen ließ, daß Frauen immer und überall trotz ihrer erbrachten Qualifikation bei der Arbeitssuche benachteiligt waren. Die vielen guten Frauen machten den Mund auf, es war unüberhörbar, das Gegrummel, und wurde immer lauter, bis es nicht mehr zu übergehen war. Seitdem OLG-Präsident Wassermann seine Gedanken über eine Senkung der Qualifikation für Männer bei der Justiz – um ihnen Arbeitsplätze zu sichern! – laut gedacht hat, haben wir aus berufenem Mund die Bestätigung für längst allseits Praktiziertes. Nun hat es Herr Wassermann sicher nicht sehr schlau im Sinne des Patriarchats angestellt, als er so ungeschickt vom Männeranteil sprach. Er hat uns aber damit Arbeit abgenommen.

Nötig ist die Offensive der Frauen und ihre Aktion, sich die

Arbeitsplätze in jedem Fall holen zu wollen, trotzdem, selbst mit dem herabsetzenden Begriff Quote. Inhalt und äußeres Handeln sollten aber übereinstimmen. Die Frau ist nicht die Bittstellerin, sie ist diejenige, die den Angriff führt. Es gibt im Prozeßrecht den alten Grundsatz – als Beweislast bekannt –, daß die Person, die einen Anspruch für sich behauptet und ihn in einem Prozeß durchsetzen will, immer in der ungünstigen Ausgangsposition ist, die angegriffene Person hingegen nur abzuwehren hat, kurzum, für den Anspruch nicht die volle Last des Beweises trägt. Klagen also Frauen ihren Anspruch auf Arbeitsplätze ein, so übernehmen sie den mühsamen Part, in einem von Männern erdachten Normengefüge erst eine Norm finden zu müssen, die ihren Anspruch stützt und rechtfertigt. Behaupten sie dagegen das Unrecht der Männer, fragen nach der Verfassungsmäßigkeit und Anspruchsnorm für die Gesamtquote Mann, dann befinden sich Männer in der Defensivsituation, müssen reagieren, Argumente sammeln und sich dabei in ihrer ganzen Überheblichkeit und Dreistigkeit bloßstellen.

Wir sollten uns also nicht im Kampf um das „Hineinkommen" begreifen, sondern im Kampf um den Hinauswurf der Männer. Deren Kampf jedenfalls läuft in der Argumentation um die Aufrechterhaltung ihrer Quote. Sie ist eingekleidet und verbrämt in Rechtswissenschaft, aber doch so entlarvend, wenn dabei die Verfassungsmäßigkeit der Quotierung unter dem Gesichtspunkt von Art. 3 I GG behandelt wird, in dem steht, daß alle Menschen vor dem Gesetz gleich sind. Mann fragt sich hierbei ernsthaft unter Berufung auf Art. 3 I GG, wie es mit der Gleichbehandlung der Männer steht, wenn aufgrund einer Quotierungsregelung eine Frau vor einem Mann den Vorzug genießen dürfte. Um ihre stillschweigende Gesamt-Männerquote zu decken, wird zum stärksten rechtlichen Instrument gegriffen, das unsere Gesellschaft zu bieten hat: der Verfassung.

Daher wurde ein ehemaliger Verfassungsrichter damit beauftragt, ein Gutachten zu erarbeiten, ob der Vormarsch der Frauen auch erlaubt werden könne. Ausgerechnet das klassische Instrumentarium zur Unterdrückung der Frau wird benutzt, ihr einen Anspruch zu bescheinigen? Wie absurd. Natürlich kam dabei keine echte am Fraueninteresse orientierte Entscheidung heraus. Es wird das Bestehen eines „Frauenproblems“ festgestellt, allerdings keine Ursachenforschung betrieben, bei der erkannt hätte werden können, daß das Zentrum der Fragestellung alle Personalreferenten, Personalabteilungsleiter, Vorgesetzten sind, die Männerkumpanei und Klüngelei schlechthin. In völliger Verdrehung der Dinge werden wir Frauen zum Problem gemacht – und zwar zum sozialen Problem! Denn nicht im Hinblick auf den Gleichberechtigungsartikel wird die Verteilung der Arbeitsplätze gesehen, sondern unter dem Prinzip der Sozialstaatlichkeit. So, wie der Staat durchaus verpflichtet ist, regulierend bei sonstigen Benachteiligungen anderer Menschengruppen aufzutreten, z. B. durch Gewährung von Sozialhilfe, hat er auch hier auf Abhilfe zu wirken.

Die die Männerquote auch in Zukunft nach diesem Gutachten beschützende Zauberformel, die Quintessenz des Gutachtens für die Praxis aller Personalleiter, lautet so: „Bei der Verteilungsgerechtigkeit hinsichtlich knapper Ressourcen (= Arbeitsplätze) sind soziale Gesichtspunkte zu berücksichtigen.“ (*Notwendigkeit und Möglichkeit positiver Aktionen zugunsten von Frauen im Öffentlichen Dienst,* Prof. Dr. jur. h.c. Ernst Benda, Freiburg 1986, S. 126.) „Das Interesse potentiell betroffener Mitbewerber ist einzubeziehen. Deren Anspruch auf Gleichbehandlung darf nicht mehr als unabweisbar notwendig beeinträchtigt werden.“ (Ebd. S. 156) „Eine ausgleichende und schonende Regelung muß jeden Schematismus vermeiden. Die sorgfältige Prüfung des Einzelfalles darf nicht ausgeschlossen werden. Wenn die miteinander konkurrierenden

Bewerber (!) über die gleiche Qualifikation verfügen ..., liegt es bei der abschließenden Entscheidung nahe, soziale Gesichtspunkte heranzuziehen. Legen sie deutlich die Entscheidung zugunsten eines Bewerbers (oder einer Bewerberin) nahe, so wird ein Abwägungselement eingeführt, dessen Gewicht jedenfalls grundsätzlich am Maßstab des Sozialstaatsprinzips von nicht geringerer Bedeutung sein muß als das Ziel der Frauenförderung." (Ebd. S. 157)

In der Praxis der Personalreferenten bleibt also alles beim alten, es braucht sich nichts Wesentliches zu ändern, bis auf einige wenige Alibifrauen, die es immer schon gab. Soziale Gesichtspunkte sind es nämlich immer, wenn der Bewerber eine schutzbedürftige Ehefrau und zwei hungrige Kinder im noch abzubezahlenden Eigenheim sitzen hat. Dagegen steht die „dazuverdienende" Ehefrau, das Karriereweib, deren Kinder womöglich noch in einer Krippe untergebracht sind, was sowieso für die Psyche der Kinder bekanntermaßen schädlich ist. Wer von beiden wird wohl das Rennen machen?

Dieses Gutachten, auf das sich viele politisch arbeitende Frauen beziehen, klingt nur in der geschönten Zusammenfassung frauenfreundlich, in Wirklichkeit bedeutet sein Inhalt Zementierung und Rückfall.

Das geltende Recht heranziehen zu wollen ist im Grunde das denkbar schlechteste Mittel, sind Frauen doch bis heute im Recht nicht einmal sprachlich erfaßt.

In der Rechtssprache zeigt sich besonders deutlich, wie sehr Männern ihre eigene Logik durcheinanderkommt und an der „Frauenfrage" plötzlich zum blühenden Blödsinn gerät.

Frauen kommen nicht vor, es gibt sie nicht in der Welt des Rechts, und auch das hat System. Die heutige Rechtssprache stammt aus der Zeit vor der Jahrhundertwende, als die Frau noch beschränkt geschäftsfähig war und tatsächlich nicht im allgemeinen Rechtsverkehr auftrat. Es war deshalb auch nicht notwendig, sie zu benennen. Inzwischen hat sich zwar einiges geändert in der Realität unserer Gesellschaft, aber noch nicht in den Gehirnen der Männer-Gesetzgeber.

So brachte es die männliche Logik fertig, Ehen zwischen Männern im Familienrecht nicht vorzusehen, aber im Gesetz zum Bafög das „Einkommen des Auszubildenden und seines Ehegatten anzurechnen"; die Strafprozeßordnung kennt nur das Zeugnisverweigerungsrecht des Verlobten oder Ehegatten des Beschuldigten, und gar als Zuhälter wird nach dem Strafgesetzbuch bestraft, wer bestimmte Handlungen an seinem Ehegatten vornimmt. Der Unsinn feiert ebenso fröhliche Urständ, wenn in Richtlinien vom „weiblichen Sportler" die Rede ist. Noch besser kann es der Gesetzgeber im BGB, § 616 Abs. 3 – er erschafft den „schwangeren Arbeiter": Es „bestimmen sich seine Ansprüche nur nach dem Lohnfortzahlungsgesetz, wenn er durch Arbeitsunfähigkeit infolge ... Abbruchs der Schwangerschaft durch einen Arzt ... an der Dienstleistung verhindert ist". Beim Personalausweis und Paß kennt mann nur den Begriff „Inhaber des Passes", auch wenn darüber eine Frau den Grenzbeamten noch so verführerisch aus dem Foto heraus anlächelt. Im Amt sind die Herren ja streng logisch und objektiv – auf das Geschlecht soll es ihnen nicht ankommen, zumindest nicht auf das weibliche.

Umgekehrt gilt dieser Grundsatz nicht. Die weibliche Begriffswelt umfaßt in keiner Weise auch Männer! Ich warte immer noch auf den Schrei nach Gleichberechtigung der Männer, daß sie sich nicht unter die weiblichen Begriffe subsumieren lassen dürfen, wo wir doch den schönen Artikel 3 Absatz 2 im Grundgesetz stehen haben, in dem es heißt, daß Männer und Frauen gleichberechtigt sind. Warum wollen Männer denn nicht endlich auch mitgemeint sein mit der Richterin, der Anwältin, der Arbeitnehmerin etc.? Sonst wird doch auch sofort die Wertfreiheit der Sprache betont, wenn Frauen ihre Benennung fordern.

Daß Männer in diesem Punkt wesentlich empfindlichere

Seelchen haben als wir Frauen, die wir doch sonst die Sensibilität nach ihren Aussagen gepachtet haben, stellten sie des öfteren schon unter Beweis. So änderte mann Artikel 86a Bayerisches Beamtengesetz, in dem es hieß: „Der Beamtin kann Sonderurlaub auf Antrag gewährt werden“, 1974 wegen verfassungsrechtlicher Bedenken, um auch Männer einbeziehen zu können. Nunmehr heißt der Text: „Dem Beamten kann auf Antrag Sonderurlaub gewährt werden.“

Als die weibliche Bezeichnung im Gesetzestext stand, war dies eine Verletzung von Artikel 3 Grundgesetz wegen Benachteiligung des Mannes. Eine verfassungskonforme Auslegung dahingehend, daß auch Männer mit der weiblichen Bezeichnung gemeint sein sollten, erfolgte nicht. Als die männliche Bezeichnung verwendet wurde, obwohl eine verschwindend geringe Anzahl von Männern diese Vorschrift zum unbezahlten Kinderbetreuungsurlaub in Anspruch nimmt, und damit die Frau mitgemeint sein sollte, wurde kein Verfassungsverstoß festgestellt, der einer Korrektur bedurfte.

Hier wird mit zweierlei Maß gemessen. Oft als hysterische Emanze gescholten, kann frau hier nur sagen: „Immer diese Männerrechtler!“

Bei dem neu geschaffenen Hebammengesetz, durch das erstmals Männer zum Beruf der Hebamme zugelassen waren, war mann flugs dabei, einen eigenen Berufsbegriff zu finden, den „Entbindungspfleger“. Im ganzen Gesetz, das sprachlich vorher durchgängig nur auf das weibliche Geschlecht abgestellt war, ist nun immer brav nebeneinander von Schülerin und Schüler, Hebamme und Entbindungspfleger, Ärztin und Arzt zu lesen: Es wirkt kein bißchen schwerfällig oder unverständlich, wie Frauen im umgekehrten Fall immer entgegengehalten wird.

Auch der Anlauf des Bundestages, mit Erlaß von § 611 b BGB Privatpersonen zu verbieten, Arbeitsstellen nur Männern anzubieten, indem er einen geschlechtsspezifischen

Sprachgebrauch untersagte, war gut gemeint. Der sog. Gesetzgeber war aber nicht in der Lage, diese Regel bei Abfassen des Gesetzestextes selbst zu erkennen und zu beachten. Der Gesetzgeber untersagt nämlich lediglich *dem* Arbeitgeber, einen Arbeitsplatz nur für Männer oder nur für Frauen auszuschreiben. Unternehmerinnen, die von der Norm ebenfalls angesprochen sind, haben wir aber mittlerweile nicht wenige.

Ich frage mich, warum dieser sinnwidrige Zusammenhang nicht aufgefallen ist. Das Gesetz verbietet, den „Fachmann" zu suchen, spricht aber selbst den Normadressaten ausschließlich in der männlichen Form an. Ist das die berühmte männliche Logik?

Zum anderen frage ich mich, wie es denn mit den Ämtern und hohen Führungspositionen steht, die der Bund und auch die Länder zu vergeben haben. Alle Beamtengesetze – sowohl des Bundes wie der Länder – nennen nur den „Beamten" in seiner männlichen Form, und Grundgesetz wie Länderverfassungen kennen ausschließlich männlich bezeichnete Ministerpräsidenten, Minister etc., das Richtergesetz nur den Richter als Mann. Soll der als Ausformung von Artikel 3 Grundgesetz in § 611 b BGB ausgesprochene Grundsatz für den öffentlichen Dienst womöglich nur bei den Ausschreibungen, nicht aber bei der Formulierung der gesetzlichen Grundlagen gelten?

Natürlich handelt es sich hierbei um die Bezeichnung der Ämter in ihrer Funktions- und Organstellung, und Frauen haben theoretisch – manchmal auch praktisch – Zugang zu diesen Ämtern. Aber warum sollten im Gegensatz zu privaten „Arbeitgebern" dem Staat Bezeichnungen mit ausschließlich männlichem Genus erlaubt sein? Wieder einmal das schon von Karl Kraus kritisierte „Frauen sind davon mit umfaßt"? Verwaltungsrichtlinien, die den Gebrauch weiblicher Formen empfehlen, machen die Diskrepanz zwischen Gesetzestext und gesellschaftlicher Realität deutlich, vermögen aber nicht, das Defizit auszugleichen.

Apropos Defizit: Ich denke, es ist genug davon anhand männlicher Logik aufgezeigt worden, daß ich, wäre ich Personalleiterin, mir bei Einstellungen und Besetzung von Führungspositionen ernstlich die Frage stellen müßte, ob ich es verantworten könnte, einen Angehörigen eines so unlogisch, unsachlich und parteiisch denkenden Geschlechts – einen Mann schlechthin – für qualifiziert genug zu halten. Bei Männern weiß frau nie so genau, wann sich ihre Unlogik wieder völlig irrational Bahn bricht...

Brigitte Sellach

# „SIE MIT IHREM FRAUENTICK!"

## Als Feministin im Parlament

„Sie mit Ihrem Frauentick", das ist nicht etwa mein launiger Einfall zum Thema, das hat mir ein CDU-Kollege im Frankfurter Stadtparlament, kurz Römer genannt, vorgeworfen. In der Debatte ging es um finanzielle Zuwendungen für die Jugendarbeit der Karnevalsvereine der Stadt. Ich hatte eingewandt, daß gerade in Karnevalsvereinen der Sexismus ungeahnte Blüten treibe, weshalb ich die Jugendarbeit dort nicht gerade für mädchenfördernd hielte, im übrigen auch nicht für jungenfördernd. Zugegeben, das Argument weist auf eine gewisse Karnevalsabstinenz hin; es stand aber im Zusammenhang mit unserer Forderung nach Quotierung der städtischen Gelder für die Jugendarbeit zugunsten der Mädchen. Dieses Ansinnen wurde allerdings von der CDU-Mehrheit in der Stadtverordnetenversammlung regelmäßig abgelehnt.

Im übrigen habe ich mir den Anwurf dieses Vorortpolitikers als Lob angerechnet. Schließlich bin ich ja gerade ins Parlament gewählt worden, *weil* ich Feministin bin – obwohl ich meinen politischen Standpunkt nun nicht gerade als „Frauentick" bezeichnen würde.

Die neue Frauenbewegung hat in Frankfurt eine große Geschichte und eine sehr lebendige Tradition. Politisch engagierte Feministinnen,insbesondere in den autonomen Frauenprojekten, haben zusammen mit Frauen bei den GRÜNEN in Hessen im Rahmen der rot-grünen Koalition das hessische Aktionsprogramm für Frauen erarbeitet und politisch durchgesetzt. Auf der Grundlage dieser Erfahrungen[1] beschlossen in Frankfurt autonome Frauen vor der letzten Kommunalwahl, sich aktiv in die institutionalisierte Politik des Stadtparlaments einzumischen, und boten den GRÜNEN das LILA-GRÜNE Bündnis an, verbunden mit der Forderung nach zwei sicheren Listenplätzen. So konnten zwei autonome Frauen als Stadtverordnete in den Römer einziehen. Wir gelten im Parlament und in der Öffentlichkeit als „autonome Frauen in der Fraktion der GRÜNEN“ und haben eine eigene Fraktionsassistentin.[2] Unsere Arbeit wird begleitet, getragen und mitgestaltet von der „Kommunalgruppe“, einer großen Gruppe von autonomen Frauen, die sich wöchentlich trifft.

Ich bin im Jugend- und Sozialausschuß und im Haupt- und Finanzausschuß, ersteres, weil ich zeit meiner Berufstätigkeit begeisterte Sozialpolitikerin bin, letzteres, weil ich den Zugriff von Frauen auf Geld und die damit verbundene Macht für ein zentrales Anliegen feministischer Politik halte.[3] Die Arbeit in der Stadtverordnetenversammlung ist ehrenamtlich, findet also nach Feierabend statt.

Die Ausgangsbedingungen, als Feministin in der institutionalisierten Politik zu arbeiten, sind denkbar schlecht. Frauen werden im Stadtparlament erst einmal negiert bzw. ausgegrenzt. Dies auf verschiedenen Ebenen, häufig mit persönlichen Angriffen und Diffamierungen verbunden. Ausgrenzung, selbst wenn sie einmal nicht persönlich gemeint ist, wirkt sich aber zunächst immer negativ auf unser Selbstbewußtsein und unsere Selbstsicherheit aus. Da hilft dann nur Selbstbehauptung, ein neues Selbstverständnis, um Herausforderungen zu begegnen, Forderungen zu stellen und mit all der Wut und dem Ärger, manchmal auch Angst fertig zu werden, die frau in jeder Sitzung hat angesichts von so viel ignorantem Männer-Dominiergehabe auf einem Haufen. Gerade weil ich mich als autonome Frau außerhalb der „Normalität“ des institutionalisierten Parlamentsalltags stelle, Regeln der anderen verletze, die nicht meine Regeln sind, muß ich mehr Energie und Kraft aufbringen, als wenn ich mich an die herkömmliche Ordnung hielte.

Wofür, wogegen arbeite ich also als autonome Stadtverordnete?

## Frauen werden nicht genannt – wir sprechen von ihnen!

Die Ausgrenzung von Frauen aus der Sprache ist für die verschiedensten Bereiche von feministischen Wissenschaftlerinnen untersucht und dokumentiert worden.[4] Die Analysen zu lesen ist eine Sache, mit sensibilisiertem Ohr die Diskriminierung von Frauen in der Alltagssprache des Parlaments immer wieder selbst zu hören eine andere. Dazu drei Beispiele, die auch in der Presse zitiert wurden:

In einer Sitzung des Haupt- und Finanzausschusses sprach der Stadtkämmerer von einer „Milchmädchenrechnung". Ich machte den Zwischenruf, daß Mädchen nachgewiesen bessere Schulleistungen als Jungen erbringen und daß Frauen viel besser rechnen können als Männer, sonst würden sie mit dem wenigen Geld, das ihnen die Männer lassen, nie auskommen. Es sei demnach unpassend und falsch, von einer „Milchmädchenrechnung" zu reden. Die CDU-Kollegen waren völlig konsterniert und ereiferten sich über meinen Einwand ganze zehn Minuten. Ich hatte den Zwischenruf relativ locker gemacht, wurde aber im Verlauf der Debatte dann doch ziemlich wütend und laut, weil es – wie mir nachdrücklich deutlich gemacht werden sollte – dabei ums Prinzip ging, ums männliche Prinzip.

Ein anderes Mal wurde im Jugend- und Sozialausschuß der Stellenplan für ein Kinderhaus beraten. Ich merkte an, daß wir den Stellenplan so nicht akzeptieren könnten, weil er einen Heimleiter und eine Reinemachefrau ausweise. Wir beantragten eine Änderung in der Form, daß eine Heimleiterin und ein Reinemachemann vorgesehen werden sollten. Der Stellenplan wurde geändert, die Stellenbezeichnungen wurden das eine Mal für beide Geschlechter, das andere Mal scheinbar geschlechtsneutral (Reinemachekraft) angegeben.

In einer anderen Ausschußsitzung begann der Vorsitzende mit den Worten: „Ich begrüße auch die Damen und Herren der Verwaltung." Ich wies ihn darauf hin, daß überhaupt keine „Damen der Verwaltung" anwesend seien. Auch in dieser Sitzung wurde die Diskussion wieder etwas heftiger, weil der Vorsitzende meinen Einwand zuerst überhaupt nicht verstand. Ich mußte ausführlich erklären, daß „Damen" auf den Ebenen der Hierarchie, die zu den Ausschußsitzungen zugelassen sind, z. B. als Abteilungs- oder Amtsleiterinnen, in der Stadtverwaltung kaum vorhanden sind. Dafür wurde ich wieder einmal nach Art des Hauses angegriffen.

Das letzte Beispiel macht auch deutlich, daß mit dem sprachlichen Sichtbarmachen von Frauen sofort die Wirklichkeit von Frauen erkennbar werden kann – sie sind eben in den oberen Leitungsfunktionen der Verwaltung kaum vertreten. Das wird allerdings auch dann noch nicht für alle – auch für die Frauen nicht – sinnlich erfahrbar, wenn sie überraschend doch einmal genannt werden, aber gar nicht da sind; das mußte ich erst ausdrücklich feststellen. Daher scheint es ziemlich gleichgültig, ob Frauen genannt werden oder nicht, weil sie prinzipiell für bedeutungslos gehalten werden.

Noch etwas anderes ist bei diesem Beispiel bemerkenswert: Das Benennen eines so einfachen Sachverhalts, der zudem noch relativ leicht nachprüfbar ist und für den es in der Verwaltung natürlich Verantwortliche gibt, lenkt die aggressive Aufmerksamkeit sofort auf die, die darauf hinweist, nicht etwa auf den Sachverhalt selbst oder auf die dafür Verantwortlichen.

Ich will hier nicht auf die sprachlichen Formen von Protokollen, Einladungen, Magistratsvorlagen u. a. eingehen, die immer nur männlich sind (der Bürger, der Antragsteller etc.) oder in denen, z. B. in den Protokollen, die Frauen extra gekennzeichnet werden durch das Hinzufügen des Wortes „Frau“ vor ihrem Namen. Dies alles ist hinreichend bekannt.

Ein erster Schritt gegen diese Ausgrenzung ist daher für uns, festzustellen, daß Frauen nicht vorkommen oder, wenn sie vorkommen, diskriminiert werden (Milchmädchen), und diese Feststellung nicht in dem Kästchen „Wir armen Frauen, Opfer des Patriarchats“ verschwinden zu lassen, sondern sie der Öffentlichkeit laut und deutlich mitzuteilen. (Politiker, die sich blamieren, und sei's auch nur durch sprachliches Unvermögen, sind für Pressemenschen allemal ein gefundenes Fressen.) Aber wenn ich mir nicht in jeder Sitzung etwas Originelles einfallen lasse, wenn ich einmal nicht so gut drauf bin, dann wird mein Einspruch schnell zum Ritual, wird von der Gegenseite, den Patriarchen und ihren Frauen, nicht ernst genommen oder ins Gegenteil verkehrt: „Frau Sellach, wenn Sie Kinder sagen, meinen Sie da Jungen oder Mädchen?“ Meine Einwände werden dann überhört, gehen ins Leere und sind auch für die Presse nicht interessant genug. Es ist daher alles andere als einfach, als feministische Politikerin meinen Standpunkt klarzumachen, ohne mich jedesmal wegen meiner besonderen „Empfindlichkeit“ rechtfertigen zu sollen und zu wollen.

Wir müssen also die Ärmel hochkrempeln und darangehen, Frauen sichtbar zu machen, weil die Initiativen nur von uns – von wem auch sonst – ausgehen können. Wir müssen die andere Qualität von Sprache und den damit transportierten Aussagen vermitteln. Dafür zwei Beispiele:

Das eine Beispiel ist meine erste Rede im Parlament. Thema war der 8. Mai 1985, 40 Jahre Ende des Nationalsozialismus in Deutschland. Wir wollten eine „Frauenrede“ halten – was immer das sein konnte – und haben das in der „Kommunalgruppe“ diskutiert. Die Frauen äußerten auch Skepsis: „Es muß erst einmal gründlich nachgedacht und gearbeitet werden" (eine Woche vor der Sitzung!), „die feministische Wissenschaft hat das Thema Frauen im Nationalsozialismus noch gar nicht ausreichend erforscht." Andererseits würde sich eine solche Gelegenheit, über Geschichte aus der Sicht von Frauen zu reden, im Parlament so schnell nicht wieder bieten.

Wenn wir uns nicht zu Wort meldeten, würde die Feierstunde im Römer überquellen von männlichen Selbstdarstellungen und wechselseitigen Beschimpfungen zwischen den Parteien. Frauen würden weder als Rednerinnen noch in den Reden vorkommen, höchstens als „Trümmerfrauen" instrumentalisiert werden.

Ich *mußte* einfach eine Rede zu diesem Anlaß halten. Im Kontext unserer theoretischen Diskussionen in Frankfurt war auch klar, daß Frauen nicht nur als Opfer dieser Zeit dargestellt werden durften. Wir mußten auch ihre Verantwortung am Nationalsozialismus und am Krieg herausarbeiten. Für diese nicht leichte Aufgabe habe ich sogar zwei Tage Urlaub genommen. Zwar gibt es feministische Historikerinnen, aber wir mußten uns dieses Wissen erst aneignen, es auf Frankfurt beziehen und dann noch für eine kurze Rede wieder vereinfachen. Das Ergebnis war dann:

„Unterstellt, daß Krieg von Männern beschlossen, kommandiert, ausgeführt und beendet wird, erhebt sich für uns die Frage, wo dabei die Frauen waren. Richard von Weizsäcker hat ihrer gestern gedacht, sie einerseits als Opfer und andererseits als Bewahrerinnen der menschlichen Humanität bezeichnet.

Wie aber waren sie verantwortlich? Für die Zeit des Nationalsozialismus und des Zweiten Weltkrieges in Deutschland können wir nachgeborenen Frauen drei Gruppen von Frauen ausmachen:

Frauen, die Opfer waren aufgrund von Rasse, Geschlecht, politischer Überzeugung, der Zugehörigkeit zu einer Minderheit oder wegen ihres aktiven politischen Widerstands. Der zweiten Gruppe gehören die Frauen an, die aktive Komplizinnen waren. Die dritte Gruppe bilden die passiven Frauen. Annemarie Tröger nennt sie 'Frauen, die sich passiv weggedrückt haben'."

In der Rede zeige ich weiter auf, daß die Gruppe der passiven Frauen den Krieg mit möglich gemacht hat, weil sie die Männer dafür freigestellt hat. Ich weise dann darauf hin, daß durch die Ausgrenzung der Frauen aus der Geschichtsschreibung auch ihre Verantwortung verschwindet und sie daher nur noch als passive Opfer erscheinen können, daß Frauen dadurch die Möglichkeiten für eigenes Handeln aus dem Blick verlieren.

Was mich im nachhinein sehr nachdenklich gestimmt hat, war die Erkenntnis, daß diese These nicht so originell ist, wie ich vermutet hatte, sondern daß sie von den Frauen der Internationalen Liga für den Frieden schon 1918 nach dem Ersten Weltkrieg formuliert worden war, dies aber in meinem Geschichtsbild – dem einer Nichthistorikerin, aber frauenbewegten und nicht ungebildeten Frau – nicht enthalten ist. Erst die Reihe „Unerhört – Geschichte der deutschen Frauenbewegung", die im Sommer '87 in einigen Regionalstationen des Fernsehens gesendet wurde, hat hier den längst fälligen Nachhilfeunterricht geliefert.

Dieser Mangel an Tradition verhindert, daß wir uns auf die Schwestern in der Geschichte, auf ihre Kämpfe, ihren Widerstand und ihre Erfahrungen beziehen können. Das scheint auch heute ein parteiübergreifendes politisches Handeln von Frauen, eine punktuelle Zusammenarbeit zu Themen, die Frauen zentral angehen, zu verhindern. Z. B. hatte der Oberbürgermeister in seiner Antwort auf die Frage einer SPD-Kollegin vor dem Stadtparlament Frauen, die in der Prostitution tätig sind, aufs gröbste beleidigt. Einige SPD-Frauen und wir stürzten aus dem Saal, um zu beratschlagen, was wir machen könnten. Wir haben auf eine spontane Aktion verzichtet, weil im Römer jede Diskussion mit Männern über Prostitution entgleist und wir die Frauen nicht noch mehr beleidigt sehen wollten, bloß weil der Oberbürgermeister nun im funktionierenden Männerbündnis unterstützt werden muß. Wir verabredeten statt dessen eine Zusammenkunft mit den SPD-Frauen. Aber die konnten sich auf keine gemeinsame Aktion mit uns einigen. Für die CDU-Frauen schien diese grobe Verletzung von Frauen durch ihren Oberbürgermeister überhaupt kein Problem. Im Deutschen Reichstag gab es dagegen 1919 einen gemeinsamen Antrag aller weiblichen Abgeordneten gegen die Reglementierung der Prostitution. Heute können wir uns nicht einmal auf eine gemeinsame Forderung nach einer Entschuldigung einigen, geschweige denn auf ein gemeinsames Vorgehen gegen die Sperrgebietsverordnung, die inzwischen beschlossen worden ist.

Das zweite Beispiel ist meine Haushaltsrede, die ich für die Fraktion in der ersten Haushaltsdebatte unserer Wahlperiode gehalten habe. Hier soll der erste Abschnitt als Eindruck genügen:

„Meine Herren, nun ist es soweit, eine autonome Frau redet hier an dieser Stelle öffentlich über das, wovon Frauen am meisten verstehen – über den Haushalt. Denn Haushalt ist in meiner Erfahrung etwas, in dem ich mich so gut auskenne wie Sie, Herr Stadtkämmerer, vielleicht sogar besser. Ich mache schließlich meinen seit Jahren, seit meiner Kindheit bin ich darin ausgebildet.“ Dann vergleiche ich die Prinzipien städtischer Haushaltsführung, wie sie in der hessischen Gemeindeordnung festgelegt sind, mit den Ratschlägen zu wirtschaftlichem Haushalten, die Henriette Davidis-Knolle 1909 in ihrem berühmten Kochbuch formuliert hat, und komme zu dem Ergebnis, daß sie sehr ähnlich sind, der Stadtkämmerer aber gegen die meisten verstößt.

Dieser Einstieg in die politische Diskussion des städtischen

Etats war eher ein einführender Gag, hatte aber zur Folge, daß ich mich tatsächlich intensiver mit dem städtischen Haushalt aus feministischer Perspektive beschäftigt habe.[5]

Frauen kommen in der Politik nicht vor – wir eignen uns den öffentlichen Raum wieder an!

Mit meinen beiden Beispielen habe ich auch schon die zweite Ebene der Ausgrenzung tangiert: Frauen kommen nicht nur sprachlich nicht vor, sie werden überhaupt aus allen Inhalten von Politik ausgegrenzt. Nun wird ja von allen Politikern behauptet, Politik würde für alle in der Stadt gemacht, es würde nicht zwischen Frauen und Männern unterschieden. Das stimmt selbstverständlich so nicht. Auch hier wieder zuerst ein Beispiel:

Am Entwurf eines Jugendplans, der im Sozialdezernat von einer Gruppe männlicher Planer erarbeitet worden war, wurde von unterschiedlichen gesellschaftlichen Gruppierungen kritisiert, daß Mädchen nicht erwähnt werden, d. h., daß die unterschiedlichen Sozialisationsbedingungen von Mädchen und Jungen, die immerhin auch von einer konservativen Bundesregierung im 6. Jugendbericht konstatiert werden mußten, jugendpolitisch in Frankfurt keine Berücksichtigung finden. In der Überarbeitung durch dieselben Herren wurde Mädchen dann eine besonders „schwierige Persönlichkeitsentwicklung“ attestiert, so daß sie einer besonderen Aufmerksamkeit bedürften. (So stimmte das Ganze dann wieder mit dem Männervorurteil vom weiblichen Defizit überein.) Gleichzeitig wurde allerdings am koedukativen Prinzip in den Jugendeinrichtungen, die bekanntermaßen Jungeneinrichtungen sind, festgehalten, der Förderung eigenständiger Mädcheneinrichtungen dagegen eine Absage erteilt. Als ich bei der Diskussion um die räumliche Gestaltung eines neuen Jugendhauses anregte, daß es einen eigenen Eingang für Mädchen geben sollte, damit sie nicht ständig den sexistischen Anpöbeleien von Jungen ausgesetzt sind, empfahl mir ein Kollege von der SPD, ich solle doch nach „Arabien“ gehen.

Ich brauche hier in diesem Rahmen wohl nicht den theoretischen Nachweis zu führen, daß sich politische Entscheidungen für Frauen und Männer verschieden auswirken, weil Frauen und Männer verschieden in dieser Stadt leben und arbeiten. Frauen und Männer erfahren diese Stadt verschieden, nehmen sie unterschiedlich wahr. Diese Erkenntnis wollen wir in der Stadtpolitik konkretisieren.

Wie der ehemalige Sozialdezernent und jetzige Sozialminister in Wiesbaden nicht müde wurde zu betonen, haben die autonomen Frauen die Frauenpolitik nicht erfunden. Das ist richtig in dem Sinn, daß es in der Stadt schon lange frauenpolitische Aktivitäten gibt, die auch immer genannt werden, z.B. Kindertagesstätten als Entlastung für die Mütter, die verschiedenen Beratungsstellen für Frauen in Not, besondere Einrichtungen für Frauen wie ein Mutterschutzheim oder eine Zuflucht für wohnungslose Frauen. Auch unabhängige Gruppen, z.B. der Verein alleinerziehender Mütter und Väter, werden aus städtischen Mitteln unterstützt. Diese Aktivitäten sind allerdings fast ausschließlich im sozialpolitischen Bereich angesiedelt, so daß Sozialpolitik und Frauenpolitik identisch zu sein scheinen.

Zu dem Bild, daß wir Frauenpolitik nicht erfunden haben, gehört auch, daß der Bereich Sozialpolitik traditionell stärker von Frauen besetzt wird als die anderen Politikbereiche. Im Ausschuß Jugend und Soziales in Frankfurt sind z.B. 40% Frauen, gegenüber 23% in der Stadtverordnetenversammlung insgesamt. (Im Verkehrsausschuß sitzt dagegen nur eine Frau.) Insofern entspreche auch ich dem typischen Bild einer engagierten „Frauenpolitikerin“. Auch die Frauenhäuser, die als eine der ersten Projekte von Frauen aus der Frauenbewegung gegründet wurden, sind für Frauen konzipiert, die Opfer männlicher Gewalt geworden sind, haben also eher Schutz- und Fürsorgefunktion.[6]

Es ist gewiß kein Zufall, daß Sozialpolitik und Frauenpolitik so eng miteinander verknüpft sind. Sozialpolitik, wie sie in einer Kommune geleistet wird, bezieht sich weitgehend auf den Bereich der Haus- und Familienarbeit, der auch in Frankfurt noch fest in der Hand von Frauen ist. Sozialpolitik im traditionellen Sinn ist die Verwaltung von Defiziten schlechthin, ob es um den Ausgleich von Defiziten im Bereich der privaten Vorsorge und Versorgung geht oder um Maßnahmen der sog. Altenhilfe. Selbst Kindertagesstätten, die inzwischen zum selbstverständlichen Bestandteil einer städtischen Infrastruktur gehören, werden nach wie vor als Ergänzung zur Familienerziehung betrachtet. Aufnahmekriterien für Kleinkinder in Krippen z.B., die notwendig sind, weil es zu wenig Plätze in der Stadt gibt, werden noch ausschließlich von sozialen Notlagen her begründet, z.B. weil die Mutter alleinerziehend ist und daher erwerbstätig sein muß oder weil das Einkommen des Vaters für die Familie nicht ausreicht und die Mutter dazuverdienen muß. Daß wir Krippenerziehung und Krabbelstuben auch pädagogisch und als notwendigen Freiraum für Mütter begründet haben, wurde selbst von Kollegen bei der SPD als „sozialpolitischer Skandal" bezeichnet – schließlich gehören Kleinkinder zu ihren „Bezugspersonen", womit Mütter gemeint waren.

Unser erster Zugriff auf den Bereich Sozialpolitik war auch noch eher defizitorientiert, abgeleitet von den Erfahrungen in den Frauenprojekten. Wir haben gefordert, daß die Projekte der Frauenbewegung in Frankfurt – die allerdings nur zum Teil im sozialpolitischen Bereich angesiedelt sind – in die städtische Förderung aufgenommen werden. Darüber hinaus haben wir in der konstituierenden Sitzung der Stadtverordnetenversammlung einen Ausschuß gefordert, der sich mit dem Problem Gewalt gegen Frauen in der Stadt beschäftigt und städtische Maßnahmen zur Prävention beschließt.

Wir haben aber auch das Frankfurter Aktionsprogramm für Mädchen und Frauen erarbeitet und in die letzten Haushaltsberatungen eingebracht. Der Perspektivenwechsel hieß dann ganz konkret, nicht die Einkommensarmut von Frauen zu beklagen, sondern das Recht der Frauen auf eine eigenständige Existenzsicherung zu betonen und zum Ausgangspunkt städtischer Politik zu machen. Wir haben dazu ein Bündel von Maßnahmen gefordert, die an den verschiedenen Formen der Frauenarbeit, die Frauen aufgrund der geschlechtlichen Arbeitsteilung leisten, ansetzen: ihrer Mehrfachverantwortung, die die Versorgung der Familie, die Erziehung von Kindern und den Erwerb des Familieneinkommens umfaßt.

Wir gehen davon aus, daß Frauen – unabhängig davon, ob sie einer Erwerbsarbeit nachgehen oder nicht, unabhängig vom Alter, vom Familienstand und von ihrer Nationalität – das Recht auf ein eigenständiges Einkommen haben. Die Bereitstellung von Angeboten und Leistungen zur wirtschaftlichen Absicherung von Frauen ist Aufgabe des Staates, der das u. a. über staatliche Einkommensregelungen (z.B. Mindesteinkommen, Lohn für Hausarbeit u. a., da gibt es viele Konzepte), Existenzgründungshilfen, eine gezielte Subventionspolitik oder die Abschaffung von Männerquoten in der eigenen Verwaltung zu organisieren hätte. Da es bisher aber keine bundesweiten Programme gibt, haben wir im Aktionsprogramm ein städtisches Konzept zur Existenzsicherung von Frauen vorgeschlagen. Die zentrale und gleichzeitig teuerste Forderung war die Verdoppelung des Regelsatzes von Sozialhilfe, als städtischer Beitrag zum Ausgleich der Ungerechtigkeit bei der Verteilung der materiellen Güter zwischen den Geschlechtern und im Vorgriff auf eine bundeseinheitliche Regelung.

Damit wollten wir die Individualisierung der strukturellen

Ungerechtigkeit, die sich insbesondere in der Verarmung von Frauen ausdrückt, auflösen und einen kollektiven Ansatz zur Veränderung für die städtische Politik aufzeigen. Auch zur Finanzierung der Maßnahmen haben wir konkrete Vorschläge gemacht. Gleichzeitig forderten wir einen Etat für Existenzgründungsdarlehen, die finanzielle Unterstützung des Vereins HGW (Huren wehren sich gemeinsam), der eine Beratung aufbaut für Frauen, die aus der Prostitution aussteigen wollen, Gelder für eine Weiterbildungsberatungsstelle und für eine Technologiewerkstatt zur Förderung des beruflichen Wiedereinstiegs und der beruflichen Qualifizierung von Frauen sowie die Aufhebung der Männerquoten in den städtischen Ämtern und Betrieben.

Doch unsere Frauenpolitik kann dabei nicht stehenbleiben. Auf einer eher abstrakten Ebene haben wir schon in unserem Wahlprogramm 1984 die Ziele unserer feministischen Politik so definiert, daß sie weit über den genannten Defizitansatz hinausweisen:

– die gesellschaftliche Anerkennung der sichtbaren und unsichtbaren Arbeit von Frauen und ihre wirtschaftliche Absicherung in dieser Stadt,

– die Wahrung der körperlichen Integrität von Mädchen und Frauen,

– die Respektierung weiblicher Identität und

– die Öffnung aller gesellschaftlichen Räume für Mädchen und Frauen.[7]

Für diese Ziele arbeiten wir. Wir werden alle Entscheidungen, die in dieser Stadt getroffen werden, an ihrer Bedeutung für Frauen messen. Wir werden ihre Auswirkungen auf Frauen überprüfen, wir werden mit Kritik und eigenen Forderungen nicht zurückhalten. Nicht mehr und nicht weniger ist unser Anspruch. Wir haben den Ehrgeiz, in die Politik die Kategorie „Geschlecht" einzuführen und uns damit den uns gehörenden Raum wieder anzueignen.

Unsere bisherige Arbeit in den Bereichen Verkehrspolitik, Stadtplanung, Sperrgebietsverordnung und Haushaltspolitik haben wir in einem Artikel für die *Beiträge zur feministischen Theorie und Praxis*[8] dargestellt. Derzeit packen wir, in Zusammenarbeit mit der „Kommunalgruppe", das in „Mainhattan" brisante Thema Stadtplanung als Schwerpunkt an, stehen aber erst am Anfang unserer Arbeit. Leider gibt es bisher kaum Konkretes zum Thema Stadtplanung aus feministischer Sicht. Auch für eine feministische Kulturdebatte wäre es in Frankfurt an der Zeit, einer Debatte, die mehr ist als das Aufeinanderprallen von Gegensätzen. Denn bis jetzt postulieren die einen eine eigene weibliche Ästhetik, andere wollen künstlerische Betätigung geschlechtsneutral nach den gültigen kulturellen Normen bewertet sehen. Und schließlich gibt es unter uns Frauen, die mehr pragmatisch erst einmal nur die Quotierung auch in der Kunst fordern. Bei diesem Thema hat es bisher die heftigsten und gefühlsintensivsten Kontroversen gegeben.

## Als Feministin im Parlament – richtig unbeliebt bin ich!

Eine zentrale, mir bislang unbekannt gewesene Erfahrung ist für mich die persönliche Abwertung und Ausgrenzung, die mir in der Stadtverordnetenversammlung ständig entgegenschlägt. Als Angehörige der GRÜNEN-Fraktion sind wir sowieso in einer Minderheitenposition, anders allerdings, als sie die FDP hatte. Wir werden politisch nicht akzeptiert. Der „Konsens der demokratischen Parteien" wird immer dann beschworen, wenn einem politischen Argument der GRÜNEN möglichst entschieden widersprochen werden soll. Uns allen in der Fraktion wird immer aufs neue zu verstehen gegeben, daß wir eigentlich nicht ins Stadtparlament gehören. Mein „Frauentick" verschärft die allgemeine Ablehnung natürlich noch. Selbst wenn ich mich „ordentlich“ benehme, sachbezogen argumentiere, niemanden beschimpfe, nicht unterbreche, mich also an die Regeln halte, werde ich absichtlich bei Wortmeldungen übersehen oder von Kollegen dumm oder frech angeredet. Ich werde nicht als Frau akzeptiert, mit deren politischer Meinung sich die anderen auseinanderzusetzen haben, sondern persönlich, fachlich und politisch abqualifiziert. Dazu kommt natürlich, daß alles, was ich zu Frauen sage, mit Häme bedacht wird (siehe oben). Das alles hat Methode. Da ich immer allein in den Ausschüssen sitze, wegen des Proporzes, habe ich diese feindselige Atmosphäre allein auszuhalten. Ich verstehe dann oft wirklich keinen Spaß mehr und reagiere sofort bissig angesichts des parteiübergreifenden Gelächters und penetranter Besserwisserei.

Na und, wird sich manche Leserin denken, sie hat doch vorher wissen müssen, mit wem und worauf sie sich einläßt; und Spaß daran, sich in die Politik einzumischen, Lust, da und dort an der Macht zu rütteln, die wird sie doch trotzdem haben.

Die hab' ich ja auch. Inzwischen tue ich einiges, was eine Frau anscheinend nicht tun sollte: Ich werde ausgesprochen laut, ich unterbreche, versuche das letzte Wort zu behalten und bin polemisch. Dies alles könnten sie mir vielleicht noch nachsehen, die Kolleginnen und Kollegen, wenn ich mich zudem nicht auch noch als Frau verweigern würde. Ich verweigere Männern ihr Lebenselixier, die notwendige Anerkennung ihrer „natürlichen“ Überlegenheit. Ich versuche, ihnen auch die „Beziehungsarbeit“ in Gesprächen zu verweigern, indem ich mich nicht ständig um einen guten Ausgang bemühe, sie im Gegenteil mit unseren Meinungsverschiedenheiten stehenlasse. Ich verweigere den Kollegen vor allem „charmante Weiblichkeit“, verbiete ihnen durch mein Verhalten jede sexistische Anzüglichkeit und jede Vereinnahmung in das alte Spiel „Liebe und Triebe“. Allerdings erreiche ich damit die schärfste Abfuhr gerade bei den Kolleginnen, vor allem aus der CDU.

Und das halte ich für das eigentliche Problem unserer feministischen Politik im Frankfurter Römer. Es gibt nicht nur die „Hüter der Ordnung“, es gibt vor allem ihre Hüterinnen, die sich immer wieder schützend vor ihre ach so hilflosen, den Angriffen einer wildgewordenen Emanze scheinbar ohnmächtig ausgelieferten Männer stellen.

Da bin ich mit meinem feministischen Alphabet dann am Ende. Es geht dann nicht mehr nur darum, die Männer an der Sicherung ihrer Positionen und ihrer Macht zu hindern, ihre Machenschaften aufzudecken und sich gemeinsam dagegen zu wehren.[9] Die Männer müssen sich ja kaum anstrengen, solange ihre Frauen den weiten Mantel ihrer Mütterlichkeit und Fürsorge über sie ausbreiten und sie beschützen.

Anmerkungen

1 Siehe dazu Uta Enders-Dragässer, Elke Kiltz, Brigitte Sellach, Lila Politik mit den GRÜNEN, in: Feministische Studien, Heft 2/1986.

2 Meine Kollegin als Stadtverordnete ist Margarethe Nimsch, eine selbständige Rechtsanwältin, die in Frankfurt zusammen mit einer Kollegin die erste Frauenkanzlei eröffnet hat. Unsere Fraktionsassistentin ist Elke Kiltz, eine langjährige Mitarbeiterin des Frankfurter Frauenblattes.

3 Die Organisation und die Arbeit des Stadtparlamentes will ich im einzelnen hier nicht ausbreiten. Die Gemeindeverfassungen sind in den Bundesländern verschieden, je nachdem, welche der Westalliierten sich ihrer nach dem Krieg angenommen hat. Die hessische Gemeindeordnung gibt eine Arbeitsform vor, die in großen Zügen der des Bundestages entspricht. Dem Magistrat als „Regierung“ der Stadt steht das Parlament gegenüber.

4 Ich möchte an dieser Stelle auf die Arbeiten von Luise F. Pusch und Senta Trömel-Plötz hinweisen.

5 Siehe dazu Elke Kiltz, Brigitte Sellach, Das Projekt „autonome Frauen im Römer“: Feministische Politik im Frankfurter Stadtparlament, in: Beiträge zur feministischen Theorie und Praxis, Heft 18/1986.

6 In diesem Zusammenhang ist daran zu erinnern, daß die Sozialarbeit von den Frauen der ersten Frauenbewegung entwickelt und durchgesetzt wurde.

7 Siehe dazu „Autonome Frauen in den Römer“, in: Frankfurter Frauenblatt, Heft 11/1984.

8 a.a.O.

9 Das gilt für die GRÜNEN Männer und ihre Frauen im übrigen auch, siehe

Claudia Pinl, Was auch die Grüne Welt im Innersten zusammenhält, in: Hilke Schlaeger (Hg.), Die Herren der Dinge, München 1987. Von daher ist das LILA-GRÜNE Bündnis sehr labil.

# DIE NATÜRLICHE ORDNUNG ALS FARCE

Lydia Willkop

# DIE CHRONIK VON GEBURT UND ZWERGWUCHS EINER FRAUENGLEICHSTELLUNGSSTELLE

## Oder: Wie Emanzipation verwaltet wird

Im Jahr des Herrn 1983. Rechtzeitig zur Stadtratswahl haben die Fortschrittsparteien in der bayrischen Landeshauptstadt nach dem Herz für Biere und Tiere ihr Herz für Frauen entdeckt. Präzis: den politischen Herzschlag der Männerparteien für Frauen.

Das unpolitische Männerherz schlägt in der „Weltstadt mit Herz" ja sowieso beim Thema Frau: alljährlich bei der Mißprämierung der „Schönen Münchnerin" in der *Abendzeitung*, allsommerlich beim Sich-Aufrichten an weiblicher Nacktheit entlang der Isar, allmonatlich bei der Augenweide in den ortsansässigen Männerblättern *Playboy* und *lui*; dazu erfreut mann sich dessen, was jede Stadt an Porno-Sozialhilfe leistet, damit einem das Herz in die Hosen rutschen kann. Nicht zu vergessen die traditionellen Kellnerinnen im knappen Dirndl, die sich die zwei Handvoll Maßkrüge so fest an den Busen stemmen, daß Mannsbildern das Herz dabei aufgeht.

Das schwarze Herz der Christsozialen ist natürlich schon auch für die Frauen offen. Ragt nicht mitten auf dem Marienplatz, dem Herzstück der Stadt, hoch und hehr die Mariensäule, wo sich fromme Frauen spontan zum Beten versammeln dürfen? Recken sich nicht die Türme der Frauenkirche, die Wahrzeichen der Stadt, wie zwei naturgetreue Riesenphalli in den weiß-blauen Himmel, Unserer Lieben Frau droben entgegen? Steht nicht in München außer dem Hofbräuhaus auch ein Frauenhaus, als Asyl für die geschlagenen Frauen der Stadt?

Gerade weil diese frauenfreundliche Stadt, so wie das ganze Land, von der CSU regiert wird und weil mit Männern rein rechnerisch für die SPD kein Staat zu machen ist, beziehungsweise kein roter Oberbürgermeister – „der Wähler", wie mann ihn nach Altväterart apostrophiert, wenn mann vom Stimmvieh spricht, weist auch hierorts eine satte Frauenmehrheit aus –, besinnt mann sich in der Süd-SPD auf die Frau als Urnenmensch: Haben doch die Roten in Norddeutschland, an Rhein, Main und Ruhr längst werbewirksame Köder für die Wählerinnen ausgelegt – die sog. Leit- oder Gleichstellungsstellen, die nicht viel machen dürfen, aber viel hermachen. So wird das Lied von der Gleichstellung ab sofort auch von der Münchner SPD als Wahlkampfschlager für Frauen gesungen. Marianne Koch talkshowt für die SPD-Gleichstellung, Leitfrauen von weit her bringen dem Süden emanzipatorische Entwicklungshilfe. Die Wählerin wird angetörnt: „Frauen sind arm dran" und: „Frauen sind gleich – Münchens Frauen auch". Letzteres leicht mißverständlich, wie sich zeigt, denn die SPD-Frauen in München wollen bloß wie die in Hamburg und Köln den Männern gleichgestellt sein oder werden, nach Grundgesetz und Menschenrecht, und der Mensch ist der Mann und die Gleichstellung nur so und nicht andersrum denkbar. Das wird natürlich stilvoller umschrieben.

Bei all dem Abschauen und Abschreiben hätten die Münchner Roten fast übersehen, daß sich die Münchner Grünen mit genau der Frauenfrage schon gerüstet haben, um den Einzug ins Rathaus zu managen. Nur daß sich die Grünen, schon wegen der Basisdemokratie und angesagter Phantasie und Lebendigkeit als Programmpunkt, für ihren Stadtstreich autonome Frauen zum Programmschreiben dazuholen.

Lassen wir die Phase weiblicher Überredungsarbeit an einfältigen Männern (und leider auch Frauen) beiseite und fassen die Ergebnisse des geistigen Ringens zusammen:

Von den Roten wird der Wählerin ihrer Defizite wegen eine Gleichstellungsstelle nach dem Hamburg-Köln-Essen-Wien-usw.-Modell versprochen, geleitet von einer Leiterin, die ihrerseits geleitet wird vom leitenden roten OB. Mit null Kompetenzen, einer Handvoll Mitarbeiterinnen und sparsamstem Etat, damit die Männer nicht verschreckt werden, will die Stelle trotzdem für die 600000 Frauen und Mädchen der Stadt nach den und dem Rechten sehen. Bei mehr Gleichstellung, ist zu hören, hätten die Herren Genossen nicht mehr mitgemacht.

Bei den Grünen klingen die Frauenansprüche weniger zimperlich: Dem Stadtrat soll ein ganzes Frauenreferat, ein kleines zwar, abgerungen werden, samt den dazugehörigen Millionen, Personen und Kompetenzen. Dazu ein eigener Stadtratsausschuß aus Frauen. Dazu ein Vetorecht, falls der Rat Frauenschädliches beschließt. Dazu mehr öffentliche Sicherheit, mehr öffentlicher Platz, mehr öffentliches Hand-Geld für Frauen.

Nachdem sich die beiden Parteien also doch in ihrer progressiven Frauenprogrammatik unterscheiden lassen, sind die Partei-Frauen für den Rest des Wahlkampfs beschäftigt. Die Wählerinnen auch.

## Die Frau als Verwaltungsakt

Im Jahr des Herrn 1984. Im Rathaus sitzen neue, wenn auch hauchdünne Mehrheiten, CSU/FDP eigentlich in der Opposition. Aber der aufrechte sozialdemokratische Oberbürgermeister, mit knapper Not der Stichwahl entstiegen, schielt lieber zu den Rechten, als daß er auf die Wählerinnen sieht. Bringt seine Fraktion so auf Vordermann, daß sie zwei Männer aus CSU und SPD zum 2. und 3. Bürgermeister macht, statt der zur Wahl gestellten SPD-Bürgermeisterin. So fängt's an, und so wird weiterregiert. Frauenpolitik hat Sendepause. Bis die Grünen Anfang Mai einen Antrag zur Einrichtung von Frauenreferat und Frauenausschuß stellen. In Panik reicht die SPD ihre kleine Lösung Gleichstellungsstelle nach – oder war sie zuerst da oder gleichzeitig? Die Parteimeinungen gehen da auseinander. Und damit sind die Anträge bei der Verwaltung gut aufgehoben.

Erst als aufmüpfige Frauen mit ein bißchen öffentlichem Trouble winken, kommt Leben in die lästige Angelegenheit. Bis zum Dezember setzt der Stadtrat den Frauenpunkt je nach Dringlichkeit wichtigerer Sachzwänge auf und ab von der Tagesordnung, von Sitzung zu Sitzung das gleiche Spielchen. Die CSU, prinzipiell gegen jede Art „Frauenamt", bemüht währenddessen gar die Regierung, um die Stelle wegen Diskriminierung der Männer für verfassungswidrig erklären zu lassen. Durch die Grünen erfährt die Frauenöffentlichkeit, daß die Frauen wider Erwarten doch noch vor Jahresende verhandelt werden sollen. Die Grünen lassen auch die Stellungnahmen der Verwaltung ein bißchen kursieren. Einige Kostproben mögen die Stimmung illustrieren.

Der Verwaltungsausschuß lehnt einen Frauenausschuß ab, weil die „allermeisten Beratungsgegenstände sowohl den männlichen wie den weiblichen Teil der Münchner Bevölkerung betreffen". Wenn ein Frauenausschuß „nahezu immer zusätzlich eingeschaltet werden müßte, um über einen Gegenstand (...) noch einmal unter frauenspezifischen Gesichtspunkten zu beraten", wäre solches bloß „Verkomplizierung des Verwaltungsablaufs". Daß nur Frauen – statt wie bisher (fast) nur Männer – über Frauenbelange befinden sollen, hält mann „mit demokratischen Prinzipien nicht vereinbar".

Der Personalreferent ist gegen den Frauenausschuß, weil er findet, daß Wahlen „nicht dadurch korrigiert werden" können, „daß Bevölkerungs- und Mandatsträgergruppen, die sich unterrepräsentiert fühlen, Sonderrechte (...) eingeräumt werden. Was speziell Frauen und Männer angeht, so statuiert Art. 3 GG zusätzlich die *Gleich*berechtigung, nicht die Bevorzugung eines der beiden Geschlechter und verbietet ausdrücklich die Benachteiligung eines von ihnen." Womit der Referent natürlich die Benachteiligung der Männermehrheit von 70 % im Stadtrat meint, weshalb er noch stärkere Worte nachschiebt: „Gefragt scheint mir in erster Linie Menschlichkeit, nicht Weiblichkeit oder Männlichkeit."

Ein Beamter von der „Kommunalen Geschäftsstelle für Verwaltungsvereinfachung" (KGSt) verwaltet vereinfachend eine andere „Minderheiten"gruppe gleich mit, wenn er sein Gutachten mit der Überschrift „Frauen- und Altenausschuß" versieht.

Bei ihren Bescheiden zu Referat oder Gleichstellungsstelle lassen die Referenten vollends die Sau raus.

So merkt der Menschen- und Männerfreund an der Spitze des Personalreferats süffisant an, daß die Anträge „politischer Natur" seien, gehe es doch um eine „ernstgemeinte Veränderung der patriarchalischen Gesellschaft, (...) um die Durchsetzung von Zielen der Frauenbewegung mit Hilfe einer städtischen Dienststelle, es geht um die Forderung der Frauen nach politischer Macht". Würde eine solche Dienststelle eingerichtet, hieße das nichts anderes als „die Bejahung der den Anträgen zugrundeliegenden Bewertung unserer Gesellschaft als veränderungsbedürftig patriarchalisch auch noch im Jahr 1984". Schlimmer noch: „Schon kraft ihrer Existenz würde der Eindruck gefördert, die Bürgerschaft sei bereits durch ihre Geschlechtszugehörigkeit in zwei feindliche Lager gespalten." Auf Weisung seines obersten Dienstherrn stellt der Referent indes Persönliches hintan und empfiehlt dem Stadtrat die Einrichtung einer Frauenstelle mit vier Stellen, die jedoch nur „beratend, anregend und empfehlend tätig werden" sollte.

Ein Frauenreferat als „zusätzliches Überreferat" hält er für „letztlich um so weniger sinnvoll, als die Einrichtung eines eigenen – nur mit Frauen besetzten – Frauenausschusses rechtlich nicht möglich und die Bildung eines Referates ohne eigenen Stadtratsausschuß kaum denkbar ist". Wenn das nicht Logik ist!

Fassen wir uns bei den anderen Referatsleitern kürzer, da sie ohnehin alle „die Bildung der beantragten Einrichtung nicht für erforderlich" halten.

Der Kulturreferent: „Weder museale Sammlungstätigkeit, Musik und Theater noch Bibliothekswesen oder Erwachsenenbildung sollten unter den isolierten Aspekten der Antragsteller betrieben werden."

Der Stadtschulrat: „Der Aufgabenbereich des Schulreferates (...) umfaßt das Erziehungs- und Unterrichtswesen sowie die Sportförderung. Die Gleichberechtigung der Geschlechter ist auf diesen Gebieten rechtlich und faktisch durchgesetzt."

Der Sozialreferent: „Es stellt sich daher die Frage, ob die Frage der Gleichstellung von Frauen auf bürokratischem Wege gelöst werden kann."

Der Kreisverwaltungsreferent: „Das Kreisverwaltungsreferat stellt fest, daß das Genehmigungsverhalten der zuständigen Dienststellen des Referates in besonderem Maße darauf ausgerichtet ist, vor allem bei der Genehmigung solcher Veranstaltungen restriktiv zu entscheiden, bei denen die Würde der Frau verletzt werden könnte: z. B. Striptease-Vorstellungen, Peep-Shows, Damenschlammringkämpfe u. a."

Genug der Männerwitze. Oder noch den letzten: Ein Rechtsberater weist auf die Schwierigkeiten hin, die sich für die Frauenstelle ergeben könnten, „ohne weiteres zu erkennen, ob sich eine Frau in ihrer Eigenschaft als 'Frau' unter dem Gesichtspunkt der Gleichbehandlung oder als 'Bürgerin' beschwert. Eine exakte Abgrenzung dürfte daher nicht einfach werden."

Am 19. Dezember – in der Weihnachtssitzung, wo eher Feierliches zu erwarten ist – sind die ZuhörerInnenränge des Großen Sitzungssaals besetzt von Frauen bzw. Bürgerinnen. Sie haben eine kleine Morgengabe dabei. Denn die Anträge auf Referat oder Gleichstellungsstelle sollen heute doch wieder von der Tagesordnung gestrichen werden, weil der CSU-Einspruch eingelegt und die Rechtslage unklar ist. Das Polittheater TOP Frauen wird vom OB mit der großen Glocke eingeläutet.

Auf der vorderen Bühne spielen (mit dem Gesicht zum Publikum): in der 1. Reihe Mitte drei männliche Bürgermeister-Darsteller, ihre Flanken besetzt mit männlichen Referats- und Direktoriums-Leitfiguren; in der 2. und 3. Reihe (dahinter) eine aufwendige Komparserie aus männlichen Ressortchef-Schlipsträgern in Traueranzügen, bei näherem Hinsehen zwei weibliche Chargen darunter. Auf der hinteren Bühne agieren (mit Hinterkopf und hoher Stuhllehne zum Publikum): eine größere Ansammlung von Herren und eine kleinere von Damen, die den Stadtrat darstellen. Links außen auf der langen Bank (Halbprofil zum Publikum): die Dekoration aus gelangweilten Lokalreporterinnen und -reportern.

Beim Vortrag über die Anträge fällt auf, daß die Grünen das Referat fallengelassen haben. Sie schließen sich dem SPD-Leit(stellen)antrag an, der aber zuvor nichtöffentlich von der Tagesordnung gestrichen worden ist. Also geht es nur um den Frauenausschuß, den die SPD aber nicht will, sondern statt dessen eine „Kommission zur Begleitung der Arbeit der Gleichstellungsstelle“ mit beratender statt beschließender Funktion. Grüne und rote Frauen reden sich den Mund fusselig, warum sie Gleichstellung wollen, ohne daß für diesen Tag viel auf dem Spiel steht. Die Herren mit und ohne Gesicht unterhalten sich inzwischen ungeniert. Auch der OB spricht ein Machtwort für die Frauen, wohingegen die FDP eine Dame sagen läßt, daß sie vom Erfolg einer tüchtigen Frau mehr hält als von dem einer gleichgestellten. Der CSU-Ex-OB witzelt, bei seiner Partei seien die Damen schon immer gut behandelt und gleichberechtigt. Drei seiner Damen bestätigen sogleich die Richtigkeit und versichern, daß sie gegen Gleichstellung und damit verbundene städtische Geldverschwendung sind. Dazwischen die Glocke und Ordnungsrufe, wenn die Herrenunterhaltung zu weit geht oder die Zuhörerinnen sich bemerkbar machen, was sie offenbar nicht dürfen. Dann wird der Ausschuß auch vertagt.

Unmut von der Galerie. Als zum wiederholten Mal die Saalräumung angedroht wird und Ordnungsmänner sich an den Eingängen postieren, geschieht für die Stadtväter Frevlerisches: Stapelweise flattern Flugblätter von oben wie Vogelschwärme auf die da unten: „Wir lassen unsere Ansprüche nicht länger vertagen. Wir lassen uns von Euren Sachzwängen nicht länger behindern. Wir nehmen Euch Eure satten Männermehrheiten. Wir stellen eine eigene Frauenliste auf. Wir entpatrifizieren das Rathaus... V.i.S.d.P. Anita Augspurg, c/o Redaktion 'Die Frau im Staat'."

Die unten sind von ihren Sitzen geschnellt, richten drohend Mienen und Fäuste hinauf, gehen zu Boden oder in die Luft, um ein Blatt zu haschen, erregen sich in Haufen, eilen zur Pressebank, wo auch fleißig eingesammelt wurde. Die Sitzung wird unterbrochen, der Saal geräumt.

Anderntags macht nicht die Debatte Schlagzeilen, sondern der „Aufstand" *(SZ)* der Emanzen: „Rosa Flugblätter für schwarze Männer" *(tz)*, „Papierschwalben gegen die Rathaus-Chauvis" *(Münchner Merkur)*. *Bild* war wie immer ganz nah dran, will es doch „ihr Hosenscheißer" aufgeschnappt und auch gehört haben, wie und was „die Demonstrantin Anita Augspurg schimpfte". Es geht die Rede, daß die obersten Stadtväter Anita Augspurg anzeigen wollten, jedoch rechtzeitig von Rätinnen über Wirken und Bedeutung derselben in dieser Stadt zur Zeit der ersten Frauenbewegung sowie ihr länger zurückliegendes Ableben aufgeklärt wurden.

## Die Frau als Stellenausschreibung

Im Jahr des Herrn 1985. Am 16. Januar wird die Gleichstellungsstelle rot-grün beschlossen, mit nur vier Planstellen statt der von Grün geforderten 17. Es gibt auch das rot-grüne Plazet für die unaussprechliche und unverbindliche Kommission und damit das Aus für den Frauenausschuß. Weil die Kommission faktisch nichts zu sagen hat, hat es auch rechtlich nichts zu bedeuten, daß SPD und Grüne sie in der Folge mit Frauen besetzen, während CSU und FDP auch störwillige Männer hineinschicken.

Mitte April schreibt der Personalreferent die Suche nach Leiterin oder Leiter der Gleichstellungsstelle in der *Süddeutschen Zeitung* aus: mit einem Katalog an Arbeitsfeldern, die alle Bereiche eines Frauenlebens von der Wiege bis zur Bahre, dazu schier alle Bereiche der Gesellschaft und fast die ganze Menschheit umfassen; sowie mit Anforderungen an die gesuchte Person, wie sie allenfalls Top-Topmanagern abverlangt werden. Die Besoldung wiederum entspricht nicht einmal der eines Gymnasialleiters. Relativ schnell steht auch die Siegerin fest: eine renommierte Sozialdemokratin, was sonst, muß sie doch mit dem SPD-OB können, dem sie direkt unterstellt ist, und mit dem Personalrat und mit der Fraktion. Die Grünen machen ihre Wahl nur unter der Bedingung mit und möglich, daß ihr die SPD im Gegengeschäft das Vorrecht bei der stellvertretenden Leitung zusichert.

Am 1. Oktober nimmt die Münchner Gleichstellungsstelle die Arbeit auf, mit einer Soziologin, einer Sozialarbeiterin und einer Sekretärin. Es wird sogleich geprüft, empfohlen, beraten, angeregt, archiviert, angehört, es werden kleine Forschungsaufträge vergeben, im Rahmen des großzügigen Jahres-Gesamtetats der Stelle von 60000 Mark – mithin umgerechnet 10 Pfennige pro Einwohnerin.

Ende Oktober wird öffentlich und verwaltungsintern die Stelle für die Leiterin-Stellvertretung ausgeschrieben, mit Arbeitsfeldern und Anforderungen wie gehabt, nur daß das Salär diesmal bloß dem einer Junglehrerin gleichkommt. Unter den über 300 Bewerbenden sind auch 70 Führungsmänner – ein Kapitänleutnant z.B. –, die wohl das Kleingedruckte bei der Löhnung übersehen haben.

Im Jahr des Herrn 1986. Die Frauenstelle veranstaltet Hearings und Versammlungen, sichtet Vorhaben, gibt Anstöße, hält Sprechstunden – und hat eine gute Presse, die jeden Aktionsfurz, der gelassen werden darf, noch einmal aufbläht: Großartig, was jetzt in München für Frauen alles geht, sogar schon der Titel Amtfrau neben dem Amtmann!

Mitte März lädt der Personalausschuß fünf Frauen für die Endausscheidung bei der Stellvertretung vor: eine Frau aus der Verwaltung und SPD-zugehörig und vier Frauen ohne Parteibuch von außen, darunter eine aus der autonomen Frauenbewegung. Bei der laufen die CSU-Männer kohlschwarz an: „Sie wollen die Speerspitze der Amazonen im Rathaus werden!“ Und machen klar, daß für sie die Frau allenfalls als Sozialfall in ein Rathausamt gehört.

Trotzdem: Die Grünen wollen die Emanze, und die SPD gibt vor, sie auch zu mögen. Aber dann sind sich der Personalreferent, die CSU, die FDP und selbstverständlich der Personalrat einig, daß sie keine Unruhe stiftende Frauenbewegte wollen, und dann auch Teile der SPD und dann doch die Fraktionsmehrheit der SPD, bis nach einem halben Jahr der Intrigen eine zweite SPD-Frau zum Gleichstellen im Rathaus sitzt. Die wortbrüchigen Sozialdemokraten waschen, wie schon bei der nichtgewählten Bürgermeisterin, ihre Hände in Unschuld, die Grünen haben eine Lektion in Realpolitik dazugelernt.

Im Jahr des Herrn 1987. Die vorübergehende Stellvertreterin der Leiterin der Gleichstellungsstelle hat sich auf einen besseren Posten verabschiedet. Statt der inzwischen beschlossenen sechs Planstellen sind nach wie vor nur drei besetzt. Zum Internationalen Frauentag am 8. März lädt die Gleichstellungsstelle zu trockenen Brötchen und ebensolchen Rosen – Brot und Rosen allzu bürokratisch genommen! –, aus Anlaß der Verleihung eines städtischen Frauenförderpreises in der gigantischen Höhe von 10000 Mark. Die Lokalpresse überschlägt sich dem Ereignis entsprechend.

Zwei Monate später kommt eine 124 Seiten starke Broschüre heraus, in Blaßlilarosa gebunden wie seinerzeit die Farbe der revolutionären „Papierschwalben“: *1 1/2 Jahre Gleichstellungsstelle für Frauen.* Ein starkes Stück Rechenschaft und Rechtschaffenheit. Zu allem und jedem, was auch nur entfernt als Frauenthema gilt, hat die Stelle in nur 18 Monaten vor- oder nachgedacht (da kommt es ganz auf den Standpunkt der Betrachterin an), hat mit nur drei Frauen in einer Millionenstadt Leistungen geschafft, wozu ein ganzes Mammutreferat nicht in der Lage gewesen wäre d– so liest sich's jedenfalls heraus. Und alle, alle haben nur darauf gewartet, daß ihnen endlich einmal gesagt wird, wieviel sie für Frauen tun können: von den Führungsmännern der Stadt über die Führungsmänner der Kliniken, der Betriebe und der Kirchen bis hin zu den Männern, die Prostituierte brauchen.

Nur, was die bedeutenden Männer für Frauen tun wollen und werden, steht nirgends so präzis: Wird es z. B. bei der Stadt als Arbeitgeberin demnächst Frauen-Quoten, Frauenförderpläne geben? Sind bei städtischen Planungs- und Bauvorhaben in Zukunft Frauenbelange voll berücksichtigt? Werden in allen Stadtteilen ungestörte Frauen- und Mädchentreffs finanziert? Werden die Sperrbezirke für Prostituierte aufgehoben? Fahren verbilligte Nachttaxis für Frauen? Könnte es gar ein Nachtausgehverbot für Männer geben, wenn anders der Männergewalt und -anmache gegen Frauen in aller Öffentlichkeit nicht abzuhelfen ist?

Einzig die Frauen, die nicht länger Worte, sondern Taten sehen wollen, wissen das Druckwerk Rechenschaftsbericht nicht gebührend zu würdigen. Selbst wenn in München wie in 200 anderen bundesdeutschen Städten das männliche Polit-Showbiz alles daransetzt, daß der Gleichstellungs-Etikettenschwindel zur Befriedung der Frauen funktioniert.

Da kommt die feministische Schadenfreude vielleicht nicht gerade recht, aber auf ihre Kosten, wenn zu hören ist, daß die Münchner Stadtverwaltung schon wieder oder immer noch auf der Suche nach einer qualifizierten Leitungsstellvertreterin ist. (So der Stand Mitte November – auf den städtischen Friedhöfen hat die Landeshauptstadt gerade erst alle Gräber ihrer großen toten Söhne mit unübersehbaren Kränzen geschmückt, auf daß sich Männergeschichte in alle Ewigkeit einprägsam fortschreibe.) Oder wenn in der inzwischen nicht mehr ganz so frauenfreundlichen örtlichen Presse zu lesen ist, daß ihr bisheriges Hätschelkind Gleichstellungsstelle noch dieses Jahr von der CSU in eine Frauensozialstation umgewandelt oder aufgelöst werden soll. Denn die CSU hat in München jetzt wieder das Sagen – zusammen mit der FDP und zwei Parteilosen, die der SPD unlängst ihre Parteibücher, nicht aber ihre Sitze zurückgegeben haben.

Bekanntlich fängt auch in der Politik das Ordnungmachen und Aufräumen an der schwächsten Stelle an.

Sabine Csampai-Boettge

# DER VOLKSVERTRETER AN SICH

## Mein Alltagsumgang: Kollege Stadtrat

Grundsätzlich unterscheiden sich Stadträte der verschiedenen Parteien nicht. Sie unterscheiden sich ebenfalls nicht vom gewöhnlichen Mann auf der Straße, außer vielleicht, daß sie die Gewöhnlichkeit mit besonderem Stolz demonstrieren.

Äußerlich gibt sich der Kommunalpolitiker wenig schick: Der Anzug ist von der Stange, die Hose hängt an Hosenträgern, das obligatorische Sakko umspannt die von endlosen Sitzungsstunden geformte Figur. Das Haar, mehr oder weniger schütter, sieht aus wie vom selben Friseur gekürzt, die Farbigkeit vermittelt Allerheiligen-Stimmung. Diese Uniform scheint Menschenähnlichkeit zu signalisieren und damit vertrauensbildend auf den Bürger zu wirken. Anders ist das wenig ansprechende Outfit nicht erklärbar.

Grüne Kollegen können in diesem Rahmen sofort an der muffligen Strickjacke und den Sandalen identifiziert werden. Auch sind bei ihnen die letzten Bartträger zu finden. Die äußere Ähnlichkeit der Mehrheit ist Abbild der inhaltlichen Übereinstimmung.

Der in Schaufensterreden beschworene kleine inhaltliche Unterschied zwischen den etablierten Parteien entspricht etwa dem zwischen Sunil und Persil; über die ehernen Pfeiler unserer Gesellschaft, wie freie Marktwirtschaft, fußend auf Arbeitgeber/-nehmersymbiose, Wirtschaftswachstum um jeden Preis und Ausbeutung von Frauen, damit das Ganze überhaupt funktionieren kann, herrscht Konsens.

Gestritten wird über Details, dies aber ausufernd. Denn sich reden hören ist des Politikers Seligkeit.

Je unwichtiger das Thema, desto lieber, was seine Ursache wohl darin findet, daß zum Nichts jedem etwas einfällt. Politikersprache ist Ablenkungsmanöver vom Wesentlichen, das ständig bemühte Verwaltungsdeutsch Komplize. Es erfordert Routine, im Wortbrausen die inhaltliche Essenz zu finden.

Die regelmäßigen gegenseitigen Beschimpfungen werden eingesetzt wie die berühmten Paukenschläge der gleichnamigen Symphonie: Sie sollen den friedlich dösenden Stadtvater aufwecken, damit er, bedrohlich die Faust schüttelnd, lebendige Demokratie zeigen kann.

Die Einigkeit der Polithähne, formal wie inhaltlich, wird allerdings sofort sichtbar, wenn eine Frau ans Rednerpult tritt. Sie verlassen in großen Scharen die Versammlung, um draußen die wichtigen Abkommen zu verhandeln. Frau, jeder Fraktion, kann sich den Mund fransig reden über soziales Elend, neue Armut etc., es verhallt ungehört und folgenlos.

Die Macher im Wirtschafts- und Planungsbereich sind hauptsächlich Männer, Frauen die „Sozialmäuse“ (O-Ton SPD). So bleibt alles beim alten, und jeder ist zufrieden.

Durch eifriges Charmieren und ständige Anzüglichkeit im Blick sollen sich Frauen mit dem so vermittelten Vollweibgefühl über das politische K.o. hinwegtrösten.

Dennoch drängt die politische Mission nach Verwirklichung, und frau muß sich dafür Mehrheiten suchen. Ein irritierendes Unterfangen unter genannten Bedingungen! Aber mit der Frau eigenen Sozialisation, ihren lebenslänglich geübten feinen Antennen für die Schwächen hinter der Maske, weiß sie den Gegner zu nehmen.

Der *christlich-soziale Trottel* alten Schlags ist beispielsweise damit zu beglücken, daß auch die Feministin gegen Kindersex ist. Er läßt zwar an seinem Bild der Hausfrau und Mutter in keiner Weise rütteln; streitbare Frauen in gleicher Position sind ihm zutiefst zuwider. Trotzdem zeigt er Rührung, wenn er erstaunt bemerkt, daß auch Feministinnen Kinder haben können, einkaufen und kochen müssen. Diese Gefühlswallung verwirrt ihn: Gehört diese Frau nun doch zur Gattung Mensch, und kann mann gefahrlos ein Bier mit ihr trinken?

Nein, die aufkeimende Verunsicherung wird abgeblockt, diese Frau muß eine Hexe sein. Die bajuwarische Bauernschläue läßt sich nicht täuschen von angeblich „normalen“ Lebensäußerungen. Das ist nur Tarnung für die wahren Interessen, das System in die Luft zu jagen.

Gott und alle Heiligen mögen ihm die Kraft geben, keine Schwäche im Kampf gegen solche Weiber zu zeigen. Solchermaßen innerlich gestärkt, hat er die Kraft, seine felsenfeste Ablehnung in altväterliches Wohlwollen zu kleiden.

Auch dem *Mann des christlich-sozialen Fortschritts* ist solches Fossil lästig. Diese Altbackenheit hemmt seine karrieristische Machtpolitik erheblich. Das Ringen um die Wähler der politischen Mitte, vor allem die Wählerinnen, kann nur durch äußerliche Offenheit und Flexibilität zum Erfolg führen. Deshalb muß das reaktionäre, vor allem patriarchale Wesen der eigenen Programmatik kaschiert werden, indem man das Kunststück vollbringt, populäre Allerwelts-Frauenforderungen einzubinden und trotzdem Frau das Selbstbestimmungsrecht vorzuenthalten.

Wobei er doch gar nichts gegen selbständige Frauen hat: Ohne seine Frau, seine Freundin, seine Sekretärin, seine Kolleginnen, die ihm zuarbeiten, wäre er schließlich aufgeschmissen.

Ein Greuel ist ihm die wieder aufflammende Diskussion um den §218. Einerseits muß er die Strafbarkeit von Schwangerschaftsabbrüchen vertreten, andererseits ist er schließlich auch Betroffener, der für zu viele Kinder Alimente zahlen müßte, wenn die obengenannten Frauen nicht alle abgetrieben hätten. Seine Karriere im Auge, setzt er sich für funktionierende Frauen ein.

Ganz gegensätzlich dazu erscheint der *christlich-soziale Feminist.* Das ist der dynamische, gegen den Parteistrom schwimmende Individualist, der aus moralischer Überzeugung sein Schwert im Kampf für Witwen und Entrechtete schwingt. Daß er dabei vor allem seine Kolleginnen trifft, erschüttert ihn nicht. Ohne Opfer auf unserer Seite geht es nicht, wenn mann sich für uns schlägt. Und nicht nur für uns, er hat erkannt, daß alle Verbesserungen schließlich auch dem Mann zugute kommen. Mehr Sicherheit auf den Straßen hilft auch dem verängstigten Rentner, mehr Polizei baut Arbeitslosigkeit ab, die Abschaffung von Gleichstellungsstellen Ungleichbehandlung, nach dem Motto: Dem Manne kann geholfen werden, wenn man Frauenforderungen nur richtig besetzt.

Wenn Frau das zuviel des Engagements ist, hat sie als Alternative den *christlich-sozialen Konservativen* alter Schule. Penetrantes Türenaufhalten, Aus-dem-Mantel-Helfen, eifrig verteilte Handküsse lassen den kultivierten Herrn mit Klassebewußtsein erkennen. Sein schmachtend-ritterliches Getue setzt garantiert jeder Frau zu. Sie darf sich seiner völligen Aufmerksamkeit sicher sein, doch wenn sie sich in das Gespräch, gar in ein politisches, einmischt, wird solchem seinerseits mit starker Irritation begegnet. Bei Widerspruch aus Frauenmund wird ihr ganz einfach das Glück entzogen, sich als das Objekt seiner Begierde fühlen zu dürfen.

Trotzdem muß frau anerkennen, daß in diesen Kreisen ab und zu Lebenslust aufblitzt, wenn auch recht einseitig. Im bayerisch-barocken Erbe mit seinem Hang zum Feudalistisch-Repräsentativen ist – wenn auch zeitgemäß verkürzt auf sein Surrogat – wenigstens noch Stil zu ahnen, im Gegensatz zum typischen Sozialdemokraten.

Er ist die Langeweile an sich. Selbst der *sozialdemokratische Protagonist*, Typ „alter Fuchs“, hat bei seinen glänzendsten Auftritten nicht mehr als biederen Zynismus zu bieten. Sachbezogenes Engagement wird höchstens als Jugendsünde erinnert, seine Arbeit beschränkt sich auf wenig originelle Strategieversuche. Mit frauenpolitischen Forderungen konfrontiert, winkt er müde ab: „Haben wir alles schon gehabt, und was ist daraus geworden?“ Er kann es einfach nicht mehr hören!

Jahrelang hat er seine Parteifrauen niedergehalten, abgebremst, wie und wo er konnte, und dennoch versuchen ungebrochen die Tapferen immer wieder, ihm die Richtigkeit ihres Anliegens zu vermitteln. Vergebene Liebesmüh: Dieser Mann hat die Zeit seiner Lernfähigkeit längst hinter sich. Er kann beispielsweise rechten Gewissens behaupten, seine Kolleginnen vor der paritätischen Besetzung von Kommissionen schützen zu müssen, weil er angesichts der geringen Zahl der Stadträtinnen die einzelne einer unzumutbaren Arbeitsüberlastung aussetzen würde.

Im übrigen hat er sich mit dem Problem Frau arrangiert: Frau + Freundin decken seinen Bedarf bequem ab.

Anders der *Gewerkschaftler.* Er ist noch voller Engagement im Kampf gegen Frau, er wacht mißtrauisch über jede sich am Horizont abzeichnende Veränderung. Verbiestert und reaktionär verbindet er sich bei jeder sich bietenden Gelegenheit mit dem Klassenfeind, um den Status quo der Arbeitnehmerschaft aufrechtzuerhalten, damit emanzipatorische Ansätze, die vorrangig von Frauen für Frauen kommen, im Keim erstickt werden.

Ansonsten ist er ein kleinbürgerlicher Muffel, eine Eigenschaft, die auch beim *linken Sozialdemokraten* vorherrscht. Er ist der angepaßte Moralist (wobei nichts gegen Moral gesagt sein soll). Seinen Konflikt, sich hin und her gerissen zwischen inhaltlicher Überzeugung und Parteiräson zu finden, löst er durch lebenslängliche Mimikry.

Der Linke ist der Mehrheitsbeschaffer mit Magengeschwür. Frauen gegenüber gibt er – ungefragt – alles zu und besteht darauf, unser volles Verständnis dafür erhalten zu wollen. Vor diesem Mann muß frau sich besonders hüten, denn sonst läuft sie schnell Gefahr, ihrem Mutter-Teresa-Trieb zu verfallen und vor lauter Mitleid ihre Forderungen hintanzustellen.

Angesichts der Sachzwänge, der gegenwärtigen Gesetzeslage, der schwarzen Regierung et cetera blabla kann leider, leider das eigene Wahlprogramm nicht durchgesetzt werden. Darüber bricht er in Larmoyanz aus und weist jeden Vorwurf als emotional und fern jeder Sachkenntnis zurück. Als Ersatz für die derart konstruierte Unmöglichkeit – trotz möglicher Mehrheit progressiver Kräfte –, verantwortbare Politik betreiben zu können, wird heimeliges Gruppengefühl im Club der Impotenten geboten zum gemeinsamen Wundenlecken.

Derart frustriert, wenden wir uns dem eigenen Kollegen zu, voller Hoffnung, hier die programmgemäße neue grüne Menschlichkeit im patriarchatsfreien Raum zu finden. Doch da hat frau die Rechnung ohne den Wirt gemacht. Zwar kann jeder grüne Mann das Frauenprogramm rückwärts beten – es ist schließlich auch immer der Hauptstreitpunkt bei grünen Versammlungen und muß deshalb Wort für Wort überprüft werden –, außerdem trägt des Grünen Beziehungskiste täglich zu seiner Weiterbildung bei. Trotzdem ist tiefes Mißtrauen nicht zu übersehen.

Der *wertkonservative Ökologe* beispielsweise, fest verankert in seiner Kleinfamilie, erkennt durchaus den Zusammenhang zwischen Umweltzerstörung und Frauenunterdrückung. Die Konsequenz für ihn heißt: Während er von einer Versammlung zur anderen hetzt, Baumschutzaktionen zwischendurch abhält, am Wochenende noch ein Seminar zur Müllentsorgung hineinzieht, kann seine berufstätige Frau mit ihren Kindern sich ungestört emanzipieren. Da sie quasi als Alleinerziehende leben darf, hat sie immer die Chance, ihre Berufstätigkeit, Hausarbeit, Kindererziehungsarbeit, Kinderladen- und selbstverwaltete Schulbeiratsfunktion selbstbestimmt und selbstverantwortlich zu gestalten und ihre Erfahrungen und Kompetenz in Selbsthilfegruppen und Nachbarschaftshilfen hilfsbereit einzubringen.

Dieser Grüne setzt sich energisch dafür ein, daß weibliche Fähigkeiten politisch viel stärker genutzt werden sollten. Wenn Kolleginnen leicht erschöpft angesichts zusätzlicher Ämter reagieren, wird er streng: Ständig fordern und dann kneifen gilt nicht.

Der grüne *Ex-Sozialist* dagegen ist froh, wenn Frauen, wie in guten alten 68er Zeiten, sich mit Zuarbeit begnügen. Er hält immer noch tapfer an der These vom Haupt- und Nebenwiderspruch fest, womit er aber wegen seiner schlechten Erfahrungen diesbezüglich mit Parteifrauen nur in psychischen Ausnahmesituationen herausrückt.

Normalerweise gibt er sich einen feministischen Anstrich, doch gelegentlich bricht Feindseligkeit aus. Wenn frau darauf mit Zurückweisung reagiert, wird seine Situation verzweifelt. Seine Angst vor Einsamkeit und vor dem Verlust von Streicheleinheiten ist stärker als die Lust an – auch politischer – Selbst-herrlichkeit.

Die bei dieser Spezies oft zu beobachtende Harmlosigkeit und Unfähigkeit zur Selbstironie, gepaart mit einem unbewußten Hang zum Spießertum, sind für Kolleginnen äußerst anstrengend.

Ausgleich schafft uns der *grün/alternative Softie*. Seine Sozialisation zur Sanftheit war von einer strengen Freundin geprägt, die ihm nichts Eigenständig-Männliches durchgehen ließ. Seine Psycho-Gruppenerfahrung hat sein Selbstwertgefühl als Mann auf den Hund gebracht. Er weiß inzwischen, daß Frauen immer recht haben, und bereitet so keinerlei Schwierigkeiten. Deshalb darf er dabeisein, wenn Frauen ihre Ränke schmieden, selbst bei den Menstruationsgesprächen muß er nicht den Raum verlassen. Und wenn frau angeschlagen aus einer Sitzung kommt, kann sie mit ihm kuscheln.

Auch der *offensive Schwule* springt Frauen jederzeit zur Seite, denn er weiß aus eigener schmerzlicher Geschichte, wie schwer es in dieser Welt Minderheiten haben. Die Schwulenbewegung betrachtet er als siamesische Schwester der Frauenbewegung; wann und wo auch immer Frauenforderungen gestellt werden, er ist dabei und weist auf die gleichgelagerten Probleme der Homosexuellen hin. Manchmal zieht er sich ein wenig verschnupft zurück, wenn er ins Hintertreffen gerät, und muß dann heftig die Hierarchie der Randgruppe beklagen. Mit einem Küßchen ist alles wieder gut.

Der Vollständigkeit halber darf auch das FDP-mitGlied nicht unerwähnt bleiben: ..................................

Diese Studien haben meinen Verdacht, daß die angeblich dem Mann genuine Sachlichkeit ein Mythos des Patriarchats ist, voll bestätigt.

Der männliche Politiker ist ein von Irrationalismen gebeuteltes Wesen, welches aus Angstabwehr blind seine Machtposition festbetoniert. So würde es auch heillose Überforderung bedeuten, von dieser (politischen) Mehrheit Beschlüsse zu erwarten, die sachgerecht auf menschliche Bedürfnisse eingehen, erst recht auf die von Frauen.

Der Forderung nach Besetzung der Parlamente durch uns Frauen ist deshalb nicht der Vorwurf des weiblichen Sexismus zu machen. Sie ist die einzig logische Konsequenz.

Karin Hempel-Soos

# VOM MÄNNERGENESUNGSWERK ZUM PLATZHIRSCHMUSEUM

## Ist der Partei-Patriarch noch zu retten?

Die politischen Patriarchen haben die Frauen entdeckt, nun nehmen die Wohltätigkeiten kein Ende. Eine neue geistige Armut treibt Männer zu Höchstleistungen. Bei Arbeitsessen, -trinken und -schläfereien, Erntedankfesten, Partei-, Gewerkschafts- und Kirchentagen sowie sonstigen medienwirksamen Zelebrationen wie für den Frieden werden Stangen gehalten, Arme und Beine ausgerissen, Köpfe verdreht.

Es fällt auf, daß bereits Kleinstübungen in Fingerspitzengefühl zu psychosomatisch bedingten Erregungszuständen führen, die mit einem Verfall männlicher Führerkapazität einhergehen. Im existentiellen Bemühen, die Frauenbewegungen aller Zeiten und auf allen Seiten zu überholen, haben sich Parteimänner derart abgerackert und geplagt, daß sie nun völlig kaputt einherschleichen. Kaputte Männer aber machen kaputte Politik.

Bevor diese Entwicklung staatsbedrohende Ausmaße annehmen kann, hat eine parteienübergreifende Fraueninitiative ein Männergenesungswerk zur Rettung des deutschen Mannes ins Leben gerufen. (Übrigens gegen den Rat radikalfeministischer Schwestern.) Ihm ist ein Ausbesserungs- und Ersatzteillager angegliedert.

Alle Frauen, die nicht darauf warten wollen, erst als Bundeskanzler- oder Bundespräsidentengattin Gutes tun zu dürfen, sind aufgerufen, mit Hand anzulegen.

Die besonders häufigen Zerfallserscheinungen der gesellschaftlich relevanten Männer – wie etwa Kurzsichtigkeit und Scheuklappensyndrom, Schwerhörigkeit, Haarausfall, Plattfüße, Rückgratverkrümmungen sowie starke Abnutzungserscheinungen an Knien und Ellenbogen, Schwindelanfälle und Verfolgungswahn – rufen nach sofortiger Behandlung.

Vor allem die Männer mit positiv übergroßen Herzen, wg. Herz für Kinder, Herz für Hunde, Herz für Bäume, Herz für Fische, Wurm und Werften und vor allem wg. Herz für Frauen, müßten einem Sonderkurverfahren mit Selbstfindungsmöglichkeiten unterworfen werden. (Für Übergrößen wg. schmutziger Krieg-und-Frieden-Geschäfte wären dergleichen Maßnahmen selbstredend unangebracht: Da tut's auch der Infarkt.)

Alle Politiker, die diese Heilmethoden überstehen und die inzwischen von den Frauen errichtete Knackigkeitsgrenze von 35 Jahren erreichen, können Aufnahme im Patriarchen- und Platzhirschmuseum finden. Der in geknickter Zipfelbauweise angelegte Komplex entsteht zur Zeit in Bonn auf dem Zirkusareal direkt neben dem Männerhaus der deutschen Geschichte.

Auf Antrag erhalten Leitfossilien einen Platz am eigens installierten Mumientisch zugewiesen, wo sie ihren ER-innerungen und Zukunftsvisionen nachhängen dürfen.

Da CDU/CSU-Männer sich mehrheitlich für das Programm 2000 – Modell indische Witwensanierung – entschieden haben, werden es vor allem sozialdemokratische Mannsbilder sein, die am Mumienstammtisch ins Sinnieren kommen. Über Quotenregelungen, Restverwertung und andere Spielereien der Machtverteidigung. Jahrzehntelang haben sie Potenz und Kompetenz verwechselt, nun wird von ihnen Überzeugungs- statt Zeugungskraft gefordert. Dennoch wird frau aus mutterländischer Verantwortung an verschiedene Hoffnungsträger von Rau bis Rapp feministische Rentensicherungskreuze verleihen.

Aber was nun anfangen mit Althamsterbacke Wolfgang Roth? Soll er Nelken für Maifeiern basteln, Pimmelwärmer in den Nationalfarben stricken? Wie den an Liebe ergrauten Ehmke vor sich und Treue schützen? Soll Anke Fuchs ihren Vor-Läufer Glotz zum Artenschutzbeauftragten für denkende Sozis ernennen? Heidemarie Wieczorek-Zeul dem Eppler Erhard ein warmes Plätzchen als Museumswächter für den Bereich Godesberg-Irseer Devotionalien schaffen?

Um aller Göttinnen willen, was soll aus ihnen werden, den in Bett- und Wettkämpfen erschöpften Genossen?! Dem wirbellockigen Volker Hauff, der schon immer Kernenergie durch Erotik ersetzen wollte? Aus Oskar von der Saar, dem katholischen Springbrunnen und programmatischen Dauersprüher? Aus Gerhard Schröder-Macho, dem männlichsten aller männlichen Mannequins mit dem lauten Organ und der knitteranfälligen Knutschzone? Gehören auch Peter Conradi, Karsten Voigt, Klaus Matthiesen und Hermann Scheer zu den auslaufenden Modellen mit sinkender Motorleistung und fallendem Schrottwert, also von Staats wegen nicht mehr finanzierbar?

Was treibt Helmut Schmidt? Trifft sich der Zeit-Mensch mit den Böcken, die er einst schoß, nun unter einer kapitalen Decke? Zieht die Edelfischgräte von Dohnanyi in eine Senioren-WG in der Hafenstraße?

So alt sie auch geworden sind, das mit dem Sozialismus wolln sie alle noch mal überschlafen, auf Lavendelkissen krokodilstränengesättigt. Und ach, den Liebesknochen, mit Hütchen revolutionär getarnt, zum letzten Aufschwung in die Hand gestoßen.

Die Bundestagsfraktion geht, überholt, knirschend vor Männer-Überfracht vom Stapel. Das Logbuch verzeichnet dennoch Freud: Niemand kann wie Hans-Jochen Vogel Lustprinzip und Genossenschaftsmodell miteinander vereinbaren, keiner sieht wie Uli Klose nach 50 Jahren noch so aus, wie er ist. Die Ekel, pardon, die Enkel Brandts, sie segeln hart am Wind.

Also dann, ihr Brüder, noch mal von vorn: Vorwärts, zur Sonne, zur Freiheit! Dieses Mal zu selbiger, die die Schwestern meinen.

Luise F. Pusch

# DER SOLIDARISCHE MANN

Eine Idylle

Der normale Mann ist ja nicht direkt blöde – er weiß schon, was in unserer Gesellschaft alles zum Himmel stinkt, aber er will es lieber nicht wissen und mackert weiter stumpf vor sich hin. Nur der solidarische Mann wagt es, zu Ende zu denken, und bereut sein bisheriges Chauvi-Verhalten aufrichtig. Er hat sich überhaupt radikal geändert, pinkelt nur noch im Sitzen und fordert mit leidenschaftlichem Ernst Gerechtigkeit.

Er fordert beispielsweise immer und immer wieder, daß die Parlamente zu 53 Prozent mit Frauen besetzt sein müssen, damit der weibliche Teil der Volks in der sogenannten Volksvertretung auch *wirklich* vertreten ist. Natürlich fordert er für die nächste Wahl auch zwei Kanzlerkandidatinnen. Außerdem fordert er mindestens die Hälfte aller Ausbildungsplätze und qualifizierten Arbeitsplätze für Frauen.

Überflüssig zu bemerken, daß er den Namen seiner Frau angenommen hat, obwohl sie Meyer heißt und er ein geborener Graf Harsewinkel ist. Er hütete schon in den siebziger Jahren mit anderen solidarischen Gatten und Vätern die Kinder während der feministischen Sommer-Uni und pflegt seit Jahren klaglos seine bettlägerige alte Schwiegermutter, damit seine Frau sich ihrer Karriere widmen kann. Seiner zwölfjährigen Tochter hat er unter anderem beigebracht, wie frau mit einem Bohrer umgeht und einen Reifen wechselt, und der neunjährige Sohn wird von ihm fachmännisch in der Kunst des Kuchenbackens, Hemdenbügelns und Sockenstopfens unterwiesen.

Unser Herr Meyer spendet monatlich je 100 Mark an Terre des Femmes, Amnesty for Women und die Frauen-Notruf-Zentrale seiner Heimatstadt. Er protestiert lautstark gegen frauenfeindliche Witze, Werbung und Sprache und empört sich bei jeder Gelegenheit über die Busengrapscher und Edelzwicker in seinem Betrieb. Während seine dumpfen Geschlechtsgenossen auf dem Fußballplatz herumgrölen oder eine Frau vergewaltigen, organisiert er, buchstäblich unter Lebensgefahr, die erste reine Männer-Demo gegen die Gewalttätigkeit des Mannes in der Geschichte des Patriarchats.

Damit nicht genug, tritt er seit neustem dafür ein, daß eine Männlichkeitssteuer (ähnlich der Hundesteuer) eingeführt wird, weil er erkannt hat, daß das männliche Geschlecht gesellschaftsschädlich ist. Die Hundesteuer diene dazu – so seine abenteuerliche Argumentation –, die Beseitigung des Hundedrecks zu finanzieren, und die Beseitigung der Männerjauche an allen Ecken und Enden koste schließlich noch mehr Geld. Von der Behebung der Schäden, die Männer sonst noch so anrichten, zu schweigen. Die Männlichkeitssteuer, so meint er, müsse etwa 20 Prozent des Nettolohns betragen und solle zur Finanzierung von Frauenhäusern, Frauen-Nachttaxis, Frauenforschung, Vaterschaftsurlaub etc. etc. verwendet werden.

Donna Wetta – wohin doch das logische Denken den Mann führen kann! Geradewegs ins feministische Inferno. Vielleicht überläßt er es *deshalb* lieber den Frauen.

Lis Markart

# DREI DINGE BRAUCHT DER MANN

## Mehr Lockerheit im Sittenkodex

Bei aller Gleichstellerei der Geschlechter, eins sollten die Frauen dem Mann lassen: sein Selbstverständnis in Sachen Sex. Weil das ein Naturereignis ist, das Frauen nie begreifen werden. Gemeint ist hier nicht die sexuelle Not und Nötigung von Vergewaltigern, einfallslosen Beischläfern oder Sexmaniaks, gemeint ist die ganz normale Sexualität des ganzen normalen Mannes. Im besonderen soll es um die Ventile gehen, die sich der Mann zu allen Zeiten, auch als sie noch nicht so aufgeklärt waren, suchen mußte, um seine Sexualität voll auszuleben.

Seit Urzeiten wußte der Mann verschämt-verklemmt oder mannhaft ehrbare Frauen mit seinen, wie er zu Recht vielleicht meinte, sexuellen Perversionen zu verschonen. Hat sich seither als Spanner diskret hinter Büschen und Fenstergardinen versteckt, als Exhibitionist nur blitzschnell den Mantel penisbreit zu öffnen getraut, bei Nacht und Nebel in den Puff geschlichen und für ein bißchen Liebemachen draufgezahlt. Lustseuchen haben ihn dahingerafft, oder er fiel in die Hände von Räubern und Gendarmen...

Die Natur des Mannes scheint so urwüchsig, so elementar, daß sie ihn jederzeit an jedem Ort überkommen kann. Dagegen hilft kein Grundgesetz und kein Strafgesetz. Wozu auch? Das Menschenrecht des „Habeas corpus", das Recht auf die freie Entfaltung der Persönlichkeit des Mannes sollen unantastbar bleiben!

Aus der Sittengeschichte von Adam bis Bukowski sind uns vor allem drei Institutionen bekannt, die im Sexualbereich des Mannes zur Hochkultur gezählt werden dürfen. Es sind dies Männerwitze, Prostitution und Pornographie. Von diesen drei Krücken der männlichen Sexualität wird darum im folgenden die Rede sein müssen.

## Männerwitze

Der Mann braucht Männerwitze. Er braucht sie wie den Stammtisch zum Politisieren und die Bartheke zum Draufhaun. Nur im Männerwitz noch läßt sich's derb auf die Schenkel schlagen, Männergelächter homerisch-befreiend die Runde machen. Denn da dürfen Opas Pantoffelhelden und Angeber immer noch fröhliche Urständ feiern.

Worüber die Brüder so aus vollem Halse lachen können? Je nun, halt wie eh und je über Karikaturen wie die Xanthippe, die nudelholzschwingende Gattin, die Frigide, die Nymphomanin, die Jungfrau. Das ist schon alles.

Im Männerwitz zeigt sich auch echter Esprit, wenn er dokumentiert, wie Männer sich selbst am liebsten sehen: als Gehörnte, als Besoffene, als Irre und deren Wärter, als Knastbrüder und kasernierte Soldaten, als potente Ärzte und deren impotente Patienten. Je nun.

Gelegentlich läuft Männerwitz aber den Moden und Trends hinterher. Zum Beweis einer der neuesten:

Entspannt liegen sie nebeneinander im Bett.

„Findest du nicht auch, daß so ein Partnertausch eine prima Sache ist?“

„Mhm. Nicht schlecht. Sollten wir öfter machen.“

„Nicht wahr? Ich würd' was drum geben, wenn unsre Frauen
uns jetzt so sehen könnten!“

Ihr Sex als Witz – je nun. Es gibt Schlimmeres.

## Prostitution

Der Mann braucht Prostitution. Er braucht sie wie die Hausecke zum Pinkeln und den Gehsteig zum Spucken. Prostitution ist und bleibt die einzige Möglichkeit für den Mann, sich Frauenliebe zu kaufen, wenn Ehefrauen, Partnerinnen und Geliebte dankend ablehnen.

Bei Prostituierten schrumpft die männliche Würde zum Nichts. Ob Ehemann, Ehrenmann, Staatsmann oder Müllmann, gefragt ist nur noch seine Zahlungskraft. In Stoßverkehrszeiten sind alle gleich: nackte Männer, die mit unsicheren Fingern Kondome aufsetzen und Geldscheine hinblättern.

Ob die Kunden können oder nicht, ob sie auf ihre Kosten kommen oder nicht, ob sie wenigstens hinter roten Laternen und in Sexmobilen noch Mensch sein dürfen – wir wissen es nicht. Weil sie glauben, sie müßten hernach alles verschweigen.

Möglicherweise ist ihre eingebildete Diskretion auch der Grund, warum sich Männer bei der Verrichtung solch dringender Geschäfte nicht mehr gern öffentlich sehen lassen. Warum sie sich erst im Dunkel der Nacht in die Clubs, die Saunen, ins Sperrgebiet im Niemandsland schleichen, wie die Diebe hinaus vor die Tore der Stadt. Lieber nehmen sie die Begegnung mit Zuhältern und anderen Dunkelmännern in Kauf, als daß sie unter unseren Augen auf den Straßenstrich gehen.

So viel Rücksicht verlangen Frauen doch gar nicht. Der Mann, ob Bruder, Nachbar, ob Kollege, soll seiner Prostitution ungehindert nachgehen dürfen, wann immer und wo immer er sie nötig hat. Zu jeder Tageszeit, neben den Kirchen, den Rathäusern, den Schulen, den Arbeitsstätten, den Eigenheimen.

Für aufgeklärte Frauen und Töchter sind männliche Bedürfnisse schließlich nichts Neues.

## Pornographie

Auch Pornographie braucht der Mann. Er braucht sie wie Abgas zum Atmen und wie Kernkraft zum Basteln. Pornographie ist Zeitgeist, Kunst, Kultur des Mannes jeden Stils und Stands. Pornographie ist somit jedermanns Sache, ob er nun Manns genug ist, dazu zu stehen, oder ob er unter der Ladentheke nach Einschlägigem grapscht.

Pornographie ist für gewöhnlich nichts als das Podest zum Stand der Dinge. Oder Sockel für den Popanz Männerpotenz. Womit wir beim männlichen Selbsterhaltungstrieb wären, den kein echter rechter und kein echter linker Mann in Frage gestellt sehen will.

Würde er nämlich statt Pornobilder womöglich von Zeit zu Zeit sein Selbstbild begucken, im Spiegel, im Schaufenster, in den Augen einer Frau – was ließe ihn dann noch an eine, seine Überlegenheit glauben? Seine Pubertätspickel, sein Bierbauch, seine Denkerglatze? Seine zu dünnen, zu krummen Beine? Sein ulkiger Adamsapfel, seine komischen primären Geschlechtsmerkmale?

Vielleicht würde er sich seiner schämen, weil er so ist, wie er ist. Vielleicht würde er sich gleich mannschaftsweise in Klöster und Kasernen verkriechen, gar identitätskritisch Hand an sich legen. Vielleicht würde er auch nur in Selbsterkenntnis weniger so tun, als hätte ausgerechnet er irgendeinen Anspruch auf ewige Jugend und Schönheit von Frauen zu stellen.

Genau betrachtet ist Pornographie für den Mann in Not immer noch harmloser, als wenn es ihn zu den Huren ins Sperrgebiet oder in die Nacht zum Vergewaltigen treibt. Selbst seine gespielte Sado-Gewalt ist immer noch gefesselter als die losgelassene echte.

Soll er sich statt dessen an den Bildern so offensichtlich bewunderter Frauenkörper satt sehen und satt wichsen. Soll er sie nackt auf Kino- und Werbeflächen erhöhen wie seinen nackten gekreuzigten Gott auf den Altären.

Ein Mann macht sich ja nur ein Bild von seiner Traumfrau, wenn er mit lebendigen Frauen nicht klarkommt. Dann muß er die Kassette einlegen oder sein Männermagazin aufklappen, damit er wieder Supermann ist. Papier ist bekanntlich geduldig.

Lassen wir ihn dabei. Er soll sich ungeniert in aller Öffentlichkeit umworben fühlen, wenn ihn auf Schritt und Tritt die wohlproportionierten Reklame-Püppchen zum Auto- und Zigarettenkonsum anmachen: Wie wär's mit uns, du Arsch ohne Titten?

Mit der Würde von *Frauen* hat Pornographie nicht das geringste zu tun.

# DIE NATÜRLICHE ORDNUNG
# ALS SPIEL OHNE GRENZEN

Susanne Feigl

# MÄNNER-ESPRIT

## Von jenseits des Schlagbaums

„Denken wir etwa daran, daß es eben Zehntausende Generationen Aufgabe der Männer war, Reviere zu erobern, zu verteidigen, zu jagen. Daß sich Frauen tatsächlich über sehr, sehr lange Zeit der Menschheitsgeschichte der Aufzucht, dem Schutz und der Pflege der Nachkommenschaft gewidmet haben. Das mag vielleicht erklären, daß Männer von einer gewissen natürlichen Veranlagung heraus beim Betreten von Neuland, beim Erobern, bei gewissen kreativen Vorgängen den Frauen überlegen sind."

*ÖVP-Abgeordneter Kohlmair am 24.10.1985 im Parlament*

„Frauen wählen Männer nicht nur, weil es mehr Kandidaten als Kandidatinnen gibt, sondern weil sie viele der derzeitigen Vertreterinnen für unwählbar halten. Nicht nur Männern kommt aus reinem Erhaltungstrieb das Frösteln, wenn sie mit einer speziellen intellektuellen weiblichen Gattung konfrontiert werden, mehr noch gibt sich Frau Österreicherin reserviert, die in den Emanzipationsbestrebungen keinen Heiligen Krieg sieht."

*Kärnter Tageszeitung, 23.10.1985*

„Die Frau gehört ins Haus, warum auch nicht und wohin auch sonst."

*FPÖ-Vorsitzender Jörg Haider 1984 im Kärntner Wahlkampf*

„Die Berufs-Frauenzimmer werden es noch so weit bringen, daß sich die Mannsbilder zu einem Männerschutzverein zusammenschließen, und sei es nur, um auf gleich niederem Niveau Beweise für die Benachteiligung der Männer zu sammeln."

*profil, 29.6.1981*

„Gegen Dohnal (Staatssekretärin für Frauenfragen, Anm. d. Hg.) spricht, daß sie sich durch ihr prononciertes Eintreten für Frauenrechte eher für diesen Posten disqualifiziert hat."

*Kurier, 13.5.1983*

„Aber wahrscheinlich lohnt der Aufwand nicht, sich mit Frau Dohnal sachlich auseinanderzusetzen. Man wird das Gefühl nicht los, daß es Frau Dohnal nur darum geht, egal, um was es sich dreht, irgendwelche Benachteiligungen ihrer Geschlechtsgenossinnen herauszulesen."

*Die Furche, 11.7.1984*

„Dohnal will die zweifellos stattfindende Diskriminierung von Frauen bei Neuaufnahmen in Unternehmen bekämpfen. In Ordnung. Sie fordert jedoch Zwang. Ein Unternehmer soll beweisen müssen, daß er eine Frau nicht deshalb abgewiesen hat, weil sie eine Frau ist. Das aber ist in der Praxis eine Unmöglichkeit, die Forderung daher eine gefährliche Verbohrtheit einer Donna Quijote – um nicht Ärgeres zu vermuten. Denn dieserart läßt sich, unter dem Vorwand der Gleichberechtigung, der letzte Rest freien Unternehmertums in Ketten legen und verstaatlichen."

*Die Presse, 10.8.1987*

„Eine internationale Frauenkonferenz, an der auch die Staatssekretärin Dohnal teilnimmt, kann nur eine Pleite werden."

*Kronen-Zeitung, 24.7.1984*

Johanna Dohnal/Susanne Feigl

# DAS ZAUBERWORT HEISST AUFSTOCKUNG

## Ein Gespräch unter Sozialistinnen

*Susanne Feigl:* Also: Gewünscht ist ein witzig-ironischer Beitrag zum Thema Gleichstellung. – Du bist nun seit genau acht Jahren als Staatssekretärin für allgemeine Frauenfragen Mitglied der österreichischen Bundesregierung...
*Johanna Dohnal:* ...Mitglied des Kabinetts – obwohl ich im Kanzleramt noch nie ein Kabinett gesehen habe.
*S.F.:* Ist dir im Laufe dieser acht Jahre das Lachen nicht längst vergangen? Oder läßt sich dem Widerstand, mit dem du konfrontiert bist, überhaupt nur mit Humor begegnen?
*J.D.:* Auch wenn die Argumente, die gegen die Gleichstellung vorgebracht werden, mitunter kabarettreif sind: So richtig herzlich lachen kann ich darüber nicht; bestenfalls reicht es zu einem eingefrorenen Lächeln.
*S.F.:* Was sind das für Argumente, die da vorgebracht werden?
*J.D.:* Das Urargument ist: Du kannst doch den Frauen gewisse Sachen nicht zumuten. Du kannst doch nicht wirklich wollen, daß Frauen im Bergwerk arbeiten... Dabei rede ich beispielsweise über eine Tischlerinnen-Ausbildung; und so viele Tischlerinnen arbeiten ja nun nicht im Bergwerk... Das zweite Standardargument, mit dem die berufliche Gleichstellung zu verhindern versucht wird, das sind die angeblich erforderlichen getrennten Toilettenanlagen. Es ist schon eigenartig: Im Parlament gibt's die nicht, da benutzen weibliche und männliche Abgeordnete dieselbe Toilettemuschel. Aber in Lehrwerkstätten ist dies offensichtlich ein Problem. Ein Problem, an

dem die Ausbildung von Mädchen in der Praxis scheitern kann.

Allerdings haben sich die Argumente im Laufe der Jahre schon geändert. Vor etwa zehn Jahren, als es um die gemeinsame Werkerziehung in den Volksschulen gegangen ist, hat mir ein Politiker allen Ernstes entgegengehalten: Es schade der Psyche der Buben, wenn sie Strick- und Häkelarbeiten machen müßten. Ob Mädchen einen psychischen Knacks davontragen, hat nie jemanden gekümmert. Heute ist von psychischen Schäden in diesem Zusammenhang kaum noch die Rede. Mitunter behaupten die Konservativen allerdings noch immer, daß wir mit unserer Gleichmacherei – sprich: wenn Mädchen lernen, mit einem Lötkolben umzugehen – die traditionellen Werte unserer Kultur zerstören. Aber auch solche Argumente werden seltener. Und wenn sich beispielsweise die „Katholische Aktion" über mich entrüstet, weil ich Weih- und Erzbischöfe zitiere bzw. deren Aussagen über den „krankhaften Feminismus", so befleißigt sie sich inzwischen immerhin einer Diktion, wo in jedem dritten Satz der „partnerschaftliche Weg" vorkommt.

*S.F.:* Das Argument, Frauen könnten diese und jene Arbeiten nicht zugemutet werden, hat in der Vergangenheit immer nur als Vorwand gedient, um sie von lukrativen Beschäftigungen und von Entscheidungspositionen fernzuhalten. Andererseits fragt es sich, ob die bloße Gleichstellung tatsächlich so erstrebenswert ist. Die Strukturen unserer Arbeitswelt sind doch weitgehend zugeschnitten auf Männer...

*J.D.:* ...nicht auf Männer. Sie sind zugeschnitten auf jene, die Profit machen.

*S.F.:* ...jedenfalls auf Arbeitnehmer, die verfügbar sind. Und Frauen haben aufgrund ihrer familiären Verpflichtungen unter Umständen ihre Probleme damit. Es fehlt an Einrichtungen zur Kinderbetreuung, fällig wäre eine Verkürzung der Arbeitszeit...

*J.D.:* Ich geb' mich keinen Illusionen hin über die Strukturen und die Organisation unserer Arbeitswelt und weiß, daß dieses Argument auch oft von seiten der Frauen kommt: Ja, willst du Frauen wirklich in diese Strukturen integrieren... Das aber ist ein Grundproblem, das sich durch alle diesbezüglichen Fragen zieht – egal, ob wir über gleiche Lehrpläne reden, über die Berufswahl von Mädchen oder darüber, den Frauenanteil in der Politik zu erhöhen. Überall stößt du sofort an allgemein gesellschaftliche Grenzen. Auch ich würde mir wünschen, der Kapitalismus würde beseitigt. Aber ich kann mich jetzt nicht mit der komplexen Frage beschäftigen, ich kann sie nur punktuell angehen.
*S.F.:* Soll Gleichstellung nicht um den Preis der Doppel- und Dreifachbelastung von Frauen erkauft werden, so wird sich an den Strukturen unserer Gesellschaft etwas ändern müssen. Das aber ist, so scheint mir, derzeit niemandem – außer Frauen – wirklich ein Anliegen, auch nicht der Sozialistischen Partei, die einst angetreten ist, diese Gesellschaft zu verändern, und die sich jetzt – um bei den Frauenfragen zu bleiben – bestenfalls dafür einsetzt, daß Frauen das gleiche machen können wie Männer.
*J.D.:* Meiner Ansicht nach wird diese Partei, an die ich den Anspruch stelle, die verändernde Kraft in dieser Gesellschaft zu sein, sich und die Gesellschaft nur verändern durch bewußte Frauen – oder aber gar nicht. Die Frauenfrage hat da insofern entscheidende Bedeutung, als sie am zentralen Punkt ansetzt: Wie schauen die Strukturen unserer Arbeitswelt aus? Und warum schauen sie so aus? Welcher Zusammenhang besteht zwischen den Bedingungen beruflicher Tätigkeit und persönlicher Lebensgestaltung?
*S.F.:* Meinst du, daß die politische Mehrheitsfähigkeit einer Partei in Hinkunft davon abhängen könnte, wie sehr sie sich für Frauenfragen aufgeschlossen zeigt?
*J.D.:* Ich fürchte, nein. Im Moment geht der Trend nicht in

diese Richtung. Möglicherweise wird es einen Einfluß haben, ob eine Partei mehr Frauen präsentiert als eine andere. Aber auch dieser Umstand spielt nur für eine gewisse Zahl von Frauen eine Rolle.

*S.F.:* Das heißt aber, die meisten Frauen sind weiterhin bereit, sich zu bescheiden, sich mit dem abzufinden, was ihnen zugestanden wird.

*J.D.:* Selbst wenn diese Frage für das Wahlverhalten von Frauen eine derartige Bedeutung hätte, so müssen wir uns darüber im klaren sein, daß andererseits ein Potential an Männern existiert, für die aus ebendiesem Grund eine solche Partei nicht wählbar wäre, weil sie das Gefühl haben, sich damit ins eigene Fleisch zu schneiden.

Wir wissen: 30 Prozent der Bevölkerung sind mit emanzipatorischen Fragen anzusprechen. Von 30 auf 100 aber fehlen 70.

*S.F.:* Vor sechs Jahren wurde auf deine Initiative hin ein Förderungsprogramm für Frauen im Bundesdienst beschlossen. Ziel dieses Programms: aktive Förderung der Chancengleichheit von Frauen im öffentlichen Dienst. Eines der Mittel, um dieses Ziel zu erreichen, ist das der „positiven Diskriminierung“. Welche Erfahrungen hast du damit gemacht? Gab es da nicht auch Frauen, die sagten, wir wollen zwar gleichberechtigt sein, bevorzugt aber wollen wir nicht werden?

*J.D.:* Am Anfang gab es das. Inzwischen aber hat der Begriff „positive Diskriminierung“ seinen Schrecken verloren. Keine Frau bekreuzigt sich mehr, kein Mann fällt in Ohnmacht. Allerdings war eine Menge Aufklärungsarbeit nötig. Erforderlich war es auch, den Frauen immer wieder zu sagen: Warum habt ihr solche Scheu vor der Bevorzugung? Schaut euch doch die Realität an, da muß es ja offensichtlich eine Bevorzugung geben, ansonsten würden wir nicht in einer von Männern dominierten Gesellschaft leben. Heute wird diese Methode von den Frauen ganz selbstverständlich eingefordert.

*S.F.:* Wie siehst du rückblickend die Bedeutung des Frauenförderungsprogramms? Würdest du es als Erfolg bezeichnen, daß der Frauenanteil in etlichen Bereichen des öffentlichen Dienstes um einige wenige Prozentpunkte angehoben werden konnte? Wie schätzt du den Stellenwert dieses Programms ein?

*J.D.:* Der Stellenwert läßt sich nicht beziffern. Aber es hat sich gezeigt, daß es wichtig war, das Förderungsprogramm durchzusetzen, Diskussionen auszulösen und ein Instrumentarium zur Durchsetzung unserer Ziele zu schaffen. Es ist uns damit gelungen, Durchbrüche zu erreichen bei der Besetzung von Positionen, die im Laufe der Geschichte noch nie mit Frauen besetzt waren – im Obersten Gerichtshof beispielsweise, im Bereich der Forstverwaltung, in technischen Bereichen. Das Frauenförderungsprogramm ist nun da, kein Weg führt daran vorbei, man(n) muß sich damit auseinandersetzen. Dort, wo das Ganze eine Eigendynamik entwickelt hat, wo eine Frauengruppe dahintersteht und es eventuell auch einen Ressortchef gibt, der diese Anliegen – aus welchen Gründen auch immer – unterstützt, dort sind die Erfolge verständlicherweise am größten. Aus diesem Grund hielte ich es für wichtig, daß überall dort, wo ein Dienstrecht existiert, also auf Landes- und auf Gemeindeebene, solche Förderungsprogramme erstellt würden.

Nicht gelöst ist freilich auch hier die Machtfrage. Der scheinbar so gerechte, geschlechtsunabhängige Modus der Stellenausschreibung im öffentlichen Dienst muß hinterfragt werden. Letztlich wissen wir, daß Ausschreibungen meist auf ganz bestimmte Personen zugeschnitten sind, daß zum Zeitpunkt der Ausschreibung oft längst feststeht, wer den Posten tatsächlich bekommt. Und diese Absprachen finden auf informeller Ebene – unter Ausschluß von Frauen – statt. Wir würden uns was vorlügen, wenn wir sagen, daß es uns mit dem Frauenförderungsprogramm gelungen sei, diese Mechanismen aufzubrechen. Diese Bruderschaften mit all ihren Mauscheleien bestehen weiter. Eine Veränderung könnte da nur durch den politischen Willen der Verantwortlichen herbeigeführt werden – des jeweiligen Ressortchefs, Ministers oder der gesamten Bundesregierung. Und selbst dann würde die Parteizugehörigkeit noch eine Rolle spielen.

*S.F.:* Welcher Strategien bedarf es deiner Meinung nach, um auch im Bereich der Privatwirtschaft dem Ziel der Gleichstellung näher zu kommen?

*J.D.:* Für die Privatwirtschaft gelten andere Spielregeln. Selbstauferlegte Förderungsprogramme, wie sie beispielsweise in multinationalen Konzernen vor einigen Jahren in Mode gekommen sind, bringen sehr wenig. In diesem Bereich können Änderungen meines Erachtens nur über arbeitsrechtliche Maßnahmen herbeigeführt werden. Solch gesetzliche Maßnahmen müßten von den Gewerkschaften erkämpft werden.

*S.F.:* Damit sind wir aber beim grundsätzlichen Problem, auf das Frauen bei der Durchsetzung ihrer Forderungen immer wieder stoßen: Die Gewerkschaft als weitgehend männerdominierte Institution wird sich wohl kaum für den Abbau von Privilegien stark machen, von denen zwar nicht alle Männer, aber doch ausschließlich Männer profitieren?

*J.D.:* Für mich heißt das, daß erst einmal der Anspruch erfüllt werden muß, den sich so eine Bewegung selbst stellt, nämlich der Anspruch, Ungerechtigkeiten in der Arbeitswelt zu beseitigen. Konkret: Ähnlich wie in der SPÖ müßte auch im Gewerkschaftsbund eine Quotenregelung Geltung haben. Um den Kampf um die Gleichstellung von Frauen in der Privatwirtschaft zu führen, bedarf es erst einmal der Gleichstellung der Frauen innerhalb der Gewerkschaft, bedarf es dort einer ausreichenden Anzahl von Frauen und Männern mit entsprechendem Bewußtsein. Das ist die Voraussetzung dafür, daß zumindest jene Prozesse gestoppt werden, durch die Frauen derzeit aus der Arbeitswelt hinausgedrängt werden. Ich denke da an die zunehmende Flexibilisierung der Arbeitszeit, an

Dienstverhältnisse, die nicht sozialversicherungspflichtig sind. Diesen Entwicklungen haben unsere männlichen Freunde in der Gewerkschaft jahrelang zugeschaut. Erst jetzt, wo sie merken, daß nicht nur Frauen davon betroffen sind, sondern es auch Männern an den Kragen geht, werden sie aktiv. Aber das hängt wiederum damit zusammen, daß auch Gewerkschaftsfunktionäre es – aus Gründen der eigenen Bequemlichkeit – gern sehen, wenn die eigene Frau nicht berufstätig ist.

*S.F.:* Besteht nicht angesichts der steigenden (Frauen-)Arbeitslosigkeit die Gefahr, daß alle Bemühungen um Gleichstellung zweitrangig werden?

*J.D.:* Diese Gefahr besteht sehr real. Männer sagen schon jetzt: Im Moment gibt es wichtigere Dinge. Jetzt haben wir andere Sorgen... Frauen haben aber alle Sorgen gleichzeitig. Wir können nicht sagen, wir kümmern uns jetzt nur um den einen Aspekt und alles andere verschieben wir.

*S.F.:* Trotzdem gibt es aber auch für Frauen so etwas wie zentrale Probleme...

*J.D.:* Ja, wir sind jetzt an einem Punkt angelangt, wo wir die Weichen für den Beginn des nächsten Jahrtausends stellen müssen, wo wir von der rechtlichen zur wirtschaftlichen Gleichstellung kommen müssen. Und mit Gleichstellung meine ich nur als ersten Schritt Gleichstellung mit den Männern. Im Grunde genommen geht es um viel mehr: Es geht um die Gleichstellung all jener Menschen, die ihre Arbeitskraft verkaufen müssen, um die Frage: Haben die alle ein Recht auf (bezahlte) Arbeit, haben sie eine Existenzberechtigung? Und Existenzberechtigung ist für mich gleichbedeutend mit eigenständiger Existenzsicherung. Wenn es uns insgesamt nicht gelingt, dies sicherzustellen, dann wird es uns für die Frauen schon gar nicht gelingen.

*S.F.:* Du meinst, wenn Vollbeschäftigung nicht unser politisches Ziel bleibt, sondern wir bereit sind, uns abzufinden mit einem bestimmten Prozentsatz an Arbeitslosen, wird dies voll und ganz auf Kosten der Frauen gehen?

*J.D.:* Wenn es nicht gelingt, ausreichende Arbeitsplätze zu schaffen, und zwar nicht nur im industriellen Sektor – wobei ich nicht zu jenen gehöre, die den industriellen Sektor für unwesentlich halten –, so wird das entstehen, was üblicherweise Zwei-Drittel-Gesellschaft genannt wird, wobei ich persönlich zur Ansicht neige, daß es sich eher um eine Sechs-Achtel-Gesellschaft handeln würde. Zwei Achtel der Bevölkerung, und das werden zum allergrößten Teil Frauen sein, werden überhaupt keine bezahlte Arbeit haben, und unter den sechs Achteln wird es eine erkleckliche Zahl von Frauen geben, die sich mit Aushilfstätigkeiten begnügen muß.

*S.F.:* Tatsächlich aber wird forciert, daß Frauen zu Hause bleiben und damit auch jederzeit bereit sind, vorübergehende „Gastarbeiter"-Tätigkeiten in der Arbeitswelt zu übernehmen. Ansonst ist nicht erklärbar, warum in Zeiten wie diesen Schulungsmaßnahmen für Langzeitarbeitslose, unter denen bekanntlich besonders viele Frauen sind, gestrichen werden, daß die öffentlichen Förderungsmittel für Tagesmütter-Projekte gekürzt werden, für Projekte also, die für viele Frauen die Voraussetzung darstellen, einer beruflichen Tätigkeit nachgehen zu können. Das passiert doch nicht zufällig. Da steckt doch System dahinter. Ganz offensichtlich haben Männer – und zwar sowohl als Ehemänner als auch als Arbeitnehmer – Interesse daran, daß Frauen zu Hause bleiben.

*J.D.:* Das sprechen sie aber nicht offen aus.

*S.F.:* So ehrliche Männer wie den neuen Wiener Weihbischof, der noch öffentlich sagt, was er denkt, nämlich: Mädchen dürfen nicht mehr ministrieren, weil sich gezeigt hat, daß sie geschickter sind als Buben, das Priesteramt aber Männern vorbehalten bleiben muß – so ehrliche Männer gibt's tatsächlich selten.

*J.D.:* Für solch blauäugige Aussagen bin ich auch direkt dankbar, denn sie zwingen meine Parteifreunde zur Solidarisierung in Fragen, die ihnen nicht unbedingt ein Anliegen sind. Andererseits hält sich meine Dankbarkeit schon auch in Grenzen. Es ist ja erschreckend, daß es in diesen Positionen solche Männer gibt.

*S.F.:* Wie aber kann verhindert werden, daß die Beschäftigungskrise voll zu Lasten der Frauen geht? Diese Entwicklung spielt doch dem Patriarchat in die Hände...

*J.D.:* Ich bin mir daher auch gar nicht so sicher, ob all die Männer, die von der Bekämpfung der Arbeitslosigkeit reden – und über die wird meines Erachtens ohnehin viel zuwenig geredet –, auch die Frauenerwerbslosigkeit meinen. Von den Frauen weiß ich das hingegen sehr wohl; die sprechen das auch aus. Und damit sind wir wieder beim Ausgangspunkt: Es ist dringend notwendig, daß mehr Frauen die Gelegenheit haben, darüber zu reden – ob das nun im Parlament ist, in einem Gemeinderat oder in einer Funktion innerhalb der Partei.

*S.F.:* Die vor zwei Jahren von der SPÖ beschlossene Quotenregelung würde dafür ja eine Voraussetzung bieten. Welche Erfahrungen wurden parteiintern mit dieser Regelung bisher gemacht?

*J.D.:* Die Quotenregelung ist ein typisches Beispiel dafür, daß dort, wo es ans Eingemachte geht, der Verteilungskampf spürbar härter wird.

Nun haben wir aber die Quotenregelung beschlossen. Und man(n) hat sie zu erfüllen – wenn auch zähneknirschend, denn sonst ist man(n) nicht parteikonform. Oder – wie es ein Genosse aus Oberösterreich einmal formuliert hat: „Das ist jetzt bei uns der Brauch, und damit basta!“ Gleichzeitig entwickelt man(n) eine ungeheure Kreativität bei der Lösung des Problems, wie man(n) die Quotenregelung erfüllen kann, ohne sich selbst oder einen anderen Genossen hinauszumanövrieren. Und da lautet das Zauberwort derzeit: Aufstockung. In Kürze wird die SPÖ den größten Bundesparteivorstand aller

Zeiten haben – die Zahl der Mitglieder wird von 56 auf 65 aufgestockt. Damit erfüllt man(n) einerseits die Quotenregelung und erspart sich zugleich jegliche Auseinandersetzung. Solche Aufstockungen haben wir auch bei anderen Vorständen erlebt, vor allem auf Bezirks-, aber auch auf Landesebene. Aber wir wissen ja, daß es ein ungeschriebenes Gesetz gibt, das da lautet: Der politische Aufstieg von Frauen darf nicht auf Kosten der Männer gehen. Nur, irgendwann wird diese Aufstokkung ja ein Ende haben müssen.

Eine andere Möglichkeit, die man(n) entdeckt hat, um Frauen zu verhindern: Man(n) prüft neuerdings sehr genau die Kriterien, was denn nun Parteimitarbeit sei und was nicht – denn unsere Quotenregelung ist ja auf den Mitarbeiteranteil abgestellt. Und da versucht man(n) den Frauen einzureden, daß gewisse Funktionen, beispielsweise die in einer Frauengruppe, nicht als Mitarbeit zu werten sind.

Ich möchte nicht hören – oder vielleicht doch –, was derzeit in den einzelnen Parteisekretariaten alles an Überlegungen angestellt wird, um zu verhindern, daß Frauen mitmischen – und das, obwohl gleichzeitig eine Werbeaktion der Partei läuft, die den Slogan hat: „Mach mit in der Politik." Die Genossen haben es wirklich schwer.

*S.F.:* Wie siehst du die Diskussion pro und contra Quotenregelung? Die sozialistische Frauenorganisation hat im Laufe der Jahre ihre Meinung zu dieser Frage ja grundlegend geändert. Viele Jahre lang hat es geheißen: Quotenregelung kommt nicht in Frage, damit würden wir festgenagelt auf einen Frauenanteil von – sagen wir – 30 Prozent, und auf diese Weise würden wir selbst verhindern, daß wir je den 50-Prozent-Anteil erreichen, der uns zusteht.

*J.D.:* Tja, das war wirklich sehr intelligent. Da sind wir lieber jahrzehntelang bei einem 12-Prozent-Anteil stehengeblieben. Aber ich hab' damals ja auch zu diesen „Intelligenten" gehört. Ohne Diskussion um einen Mechanismus – und die Quotenregelung ist nur ein Instrument, um den Motor anzuwerfen – wäre dieser Prozeß der Veränderung nie in Gang gekommen. Auch nicht bei den Frauen.

Für mich persönlich hab' ich allerdings eine Ausrede, was die seinerzeitige Ablehnung der Quotenregelung betrifft. Ich hab' das in meiner Funktion als Wiener Frauensekretärin sehr pragmatisch gesehen. Vor 15 Jahren hatten wir im Wiener Landtag einen Frauenanteil von 25 Prozent. Damals hätten wir bestenfalls eine Quote von 15 Prozent durchgebracht, und das wäre für Wien ein Rückschritt gewesen. Aber da hab' ich wirklich zu engstirnig gedacht.

Allerdings dürfen wir auch bei der jetzigen Quotenregelung nicht stehenbleiben. Noch bevor wir sie erfüllt haben, werden wir einen Schritt weiter gehen müssen.

*S.F.:* Hat sich aufgrund der Quotenregelung bei der Erstellung der Kandidatenliste für die letzte Nationalratswahl tatsächlich was geändert?

*J.D.:* Also, die Kandidatenlisten im Wiener Bereich waren wunderschön. Da hatten wir tatsächlich das Reißverschlußsystem – erster Listenplatz eine Frau, zweiter Platz ein Mann, dritter Platz eine Frau ... Allerdings von hinten nach vorn, also im letzten Drittel der Liste. Dann wurden die Frauen immer rarer. Letztlich waren wir dann soweit, daß wir weniger Frauen drauf hatten als ehedem. In diesem Zusammenhang hat aber auch die Vorverlegung der Wahlen eine Rolle gespielt. Wir hatten keine Zeit, eine wirksame Strategie von den Frauen her zu entwickeln und durchzusetzen. Das passiert kein zweites Mal, daß wir überrollt werden.

*S.F.:* Und wie sehen die Kandidatenlisten für die bevorstehende Wiener Gemeinderatswahl aus?

*J.D.:* Im Wiener Gemeinderat haben wir derzeit einen Frauenanteil von 28 Prozent. Auf der jetzigen Kandidatenliste beträgt er 33 Prozent, und unser Ziel ist die tatsächliche Erhöhung des Frauenanteils auf ein Drittel, und zwar auch im

Stadtsenat, also auch auf Regierungsebene. Das würde dem Wiener Durchschnitt des weiblichen Mitarbeiteranteils entsprechen. Im Detail kann aufgrund des Wahlsystems darum allerdings erst nach erfolgter Wahl gekämpft werden, wenn feststeht, wie viele Mandate die Partei tatsächlich errungen hat. Das bedeutet aber, daß dieser Endkampf dann von einigen wenigen geführt werden muß. Da ist es dann nicht so, daß alle Mitarbeiterinnen auf die Straße gehen – obwohl es vielleicht ganz gut wäre, wenn sie es täten.

*S.F.:* Hat im Zusammenhang mit der Quotenregelung die Qualifikationsfrage je eine Rolle gespielt? In früheren Jahren war doch häufig das Argument zu hören: Wir würden ja gerne Frauen kandidieren lassen, aber es gibt so wenige, die dazu bereit sind, und von denen, die bereit wären, fehlt wiederum vielen die Eignung.

*J.D.:* Ich glaube, da muß man zwei Dinge trennen. Ich höre auch heute manchmal, und zwar auch von Frauen, auf Bezirksebene: Ich tu' mir schwer, ich finde nicht genügend Frauen... Ich möchte dieses Argument nicht so einfach vom Tisch wischen. In Gebieten, wo jemand schon Schwierigkeiten hat, sich als Sozialist zu deklarieren, kann das wirklich ein Problem sein. Aber das ist dann ein Gesamtproblem und ändert nichts am Prinzip. Überdies haben wir bei der Quotenregelung für solche Fälle ohnehin eine Hintertür offengelassen: Wenn es nicht gelingt, sie zu erfüllen, so muß dem jeweiligen Parteigremium berichtet werden, warum...

Was anderes ist es mit der „Eignung" der Frauen. Die aber wird heute kaum noch in Frage gestellt, jedenfalls nicht offen und nicht auf Landesebene. Denn dort sind die Männer mit Frauen konfrontiert, die sich entweder auf eine solche Argumentation gar nicht einlassen oder sofort das Gegenargument parat haben: Wenn die Qualifikation zur Diskussion steht, dann könnten wir eine ganze Reihe von Männern nennen, die genaugenommen den Hut nehmen müßten.

*S.F.:* Altbundeskanzler Kreisky hat in diesem Zusammenhang einmal gesagt: Die Dummheit ist unter Männern und Frauen ziemlich gleichmäßig verteilt.

*J.D.:* Da muß ich dem von mir sehr verehrten Bundeskanzler allerdings widersprechen. Aufgrund meiner Erfahrung ist sie nicht gleich verteilt. Ich kriege ungleich mehr dumme Argumente von Männern zu hören als von Frauen.

*S.F.:* Ist es nicht so, daß es Männern – wenn es um die Benachteiligung von Frauen geht – offensichtlich an Unrechtsbewußtsein mangelt?

*J.D.:* Ich möchte nicht generalisieren, aber das stimmt sicher weitgehend. Männer leben in dem Bewußtsein: So, wie es ist, ist es recht. Erst kürzlich ist mir das wieder aufgefallen: Die Verhandlungen um die Neuregelung unseres Pensionierungssystems werden ja ausschließlich von Männern geführt – von vier Sozialisten und vier Konservativen. Wir haben dagegen protestiert. Daraufhin fragt mich ein männliches Regierungsmitglied ganz naiv: Was wäre denn anders, würden die Verhandlungen von acht Frauen geführt? Ich hab' versucht, ihm zu erklären, daß allein die Tatsache, daß es sich um Frauen handelt, einen Unterschied ausmachen würde, daß Frauen Dinge anders sehen. Begriffen hat er es erst, als ich ihm den Schwangerschaftsabbruch als Beispiel präsentiert habe. Daß es ein Unterschied ist, ob ich als Frau einen Abbruch am eigenen Leib erlebe – oder als Mann mehr oder weniger Anteil daran nehme. Das hat er eingesehen. Aber es ist schon mühsam, immer wieder bei Adam und Eva beginnen zu müssen.

*S.F.:* Hast du den Eindruck, daß sich in den letzten Jahren etwas geändert hat in der Einstellung zu Frauenfragen, daß der Widerstand wieder größer geworden ist?

*J.D.:* Größer ist er nicht geworden. Auf der einen Seite gibt es, um mit dem Positiven anzufangen, sowohl außer- als auch innerparteilich männliche Menschen, die sich sehr wohl mit Fragen der Gleichstellung beschäftigen. Vor allem aber gibt es immer mehr Frauen, die sich immer weniger gefallen lassen. Auf der anderen Seite gibt es auch solche, die zwar heute nicht mehr offen sagen, daß sie gegen Gleichstellung sind, die sich unsere Forderungen kühl lächelnd anhören, so nach dem Motto: „Laßt sie nur reden...“, und dann, wenn es konkret wird, beinhart Widerstand leisten. Und sicher ist es aufgrund der gesamtpolitischen Lage – bis hin zur Besetzung von Ministerien durch Konservative – schwieriger geworden, sozialistische Politik zu machen. Aber nicht einmal dem konservativen Wissenschaftsminister ist es, obwohl er es vehement versucht hat, gelungen, die Errichtung eines Lehrstuhls mit Schwerpunkt Frauenforschung zu verhindern. Der Druck war so stark – und zwar sowohl von den Frauen als auch auf Regierungsebene und von seiten der SPÖ.

*S.F.:* Du sagst, Frauen seien zunehmend sensibel geworden für Diskriminierungen. Ist aber auch der Druck von seiten der Frauen größer geworden? Hast du nicht den Eindruck, daß Frauen sich nach wie vor wahnsinnig viel gefallen lassen? Es gibt ja in unserem Land nicht nur Fortschritte zu verzeichnen, sondern auch eklatante Rückschritte: Beispielsweise gab es bis vor kurzem im burgenländischen Landtag fünf Frauen, jetzt gibt es dort keine mehr. Ende der siebziger Jahre hatten wir doppelt so viele Frauen in der Regierung wie heute. Jahrzehntelang gab es eine eigene sozialistische Frauenzeitschrift, seit diesem Jahr gibt es keine mehr...

*J.D.:* Es wird hingenommen, aber es wird auch nicht hingenommen. Früher wurde es nur hingenommen. Und wenn ich jetzt an die eigene Partei denke, so scheint mir, daß alle, sowohl Frauen als Männer, viel zuviel hinnehmen. Auch auf anderen Gebieten. Was Frauenfragen anlangt, sehe ich das sogar positiver. Da merke ich schon einen Unterschied. Denn die Frauen, die unzufrieden sind, lassen sich auch etwas einfallen und werden aktiv. Sie gehen zwar nicht auf die Straße. Aber man muß sich vorstellen, daß in einem ländlichen Bezirk

Funktionärinnen, die schon lange in der Partei sind und sich außer mit der allgemeinen Feststellung, daß Frauen eben benachteiligt seien, nie wirklich mit Frauenfragen beschäftigt haben, jetzt bereit sind, eigene zusätzliche Sitzungen abzuhalten, um Strategien zu entwickeln, um sich zu überlegen, wie sie frauenpolitische Belange durchsetzen können. Da hat ein Lernprozeß stattgefunden. Immer mehr Frauen sagen: Probieren wir es einfach, zu verlieren haben wir ohnehin nichts. Den Liebesentzug halten die meisten Frauen bereits aus. Die Streicheleinheiten brauchen sie nicht mehr. Und sie schaffen sich – wenigstens in Ansätzen – eigene Cliquen und Lobbys. Mit anderen Worten: Immer weniger Brüder werden in Hinkunft auf dem Rücken der Schwestern zur Sonne und zur Freiheit schreiten. Die Schwestern haben sich selbst auf den Weg gemacht.

*S.F.:* Welche Strategien hältst du aufgrund deiner Erfahrung für sinnvoll, welche für wünschenswert, damit in Sachen Gleichstellung was weitergeht?

*J.D.:* Bezogen auf unsere Partei schiene mir die Zwei-Zangen-Theorie sinnvoll. Das bedeutet in Hinblick auf die Frauenorganisation: feministische Inhalte und radikales Auftreten. Gleichzeitig bedarf es der Übernahme traditioneller Parteipositionen. Frauen müssen bewußt darauf hinarbeiten, Ortsvorsitzende zu werden, Bezirksvorsitzende, sie dürfen den Männern das Feld nicht überlassen.

Wobei natürlich damit zu rechnen ist, daß, in Erfüllung der Quotenregelung, sich die Männer für solche Funktionen bestimmte Frauen aussuchen. Jene Frauen, die den Kampf ums Prinzip führen, sind selten identisch mit denen, die tatsächlich in die Funktionen gewählt werden. Aber das stört mich nicht sehr. Denn selbst Frauen, die den Männern genehm sind, werden leichter zu sensibilisieren sein als Männer.

Zum Teil sind Frauen auch sehr erfolgreich im Ausnutzen von Spaltungstendenzen. Das gelingt freilich auch umgekehrt, aber aufgrund zunehmender Politisierung von Frauen immer weniger. Früher war es für Männer viel leichter, Frauen in normale, in böse und abnormale abzuspalten...

Auch die Überrumpelungstaktik hat sich in der Praxis als zielführend erwiesen. Frauen sprechen sich ab, stellen dann in offener Sitzung ad hoc ihre Forderungen und bringen sie auch durch, weil Männer keine Zeit hatten, Verhinderungsstrategien zu entwickeln. Aber so etwas gelingt nur einmal.

Insgesamt müssen wir uns darüber klar sein: Die Machtfrage ist nicht gelöst. Wir können die Männer in den Gremien nicht überstimmen. Wir können drohen, wir können ihnen angst machen. Es mag für eine Sozialistin nicht angebracht sein. Aber Männern in dieser Frage angst zu machen ist mitunter ein probates Mittel. Die Angst der Männer vor der „Frauenfront", vor dem möglichen Widerstand von Frauen über Parteigrenzen hinweg hat bei der Pensionsreform immerhin dazu geführt, daß der ursprüngliche Entwurf nicht durchgehen, daß es zumindest einige Erleichterungen und Übergangsbestimmungen geben wird.

*S.F.:* Das bedeutet aber: Diese Angst ist vorhanden, frau muß sie nicht erst machen, frau braucht sie nur zu nutzen.

*J.D.:* Allein meine Existenz als Staatssekretärin verdanke ich der Angst der Männer vor den Frauen. Ich hab' nun als Staatssekretärin schon drei Bundeskanzler, den vierten Finanzminister und den dritten Unterrichtsminister überdauert. Möglichkeiten, mich nicht mehr in die Regierung aufzunehmen, hätte es schon viele gegeben. Wir hatten inzwischen drei Wahlen und zusätzlich etliche Regierungsumbildungen. Aber obwohl immer behauptet wird, ich mache so ein Minderheiten-Programm und vertrete nur wenige Frauen, fürchten Männer offenbar, daß sie doch mehr als nur eine Minderheit vergrämen würden. Wenn die Angst der anderen ein Indikator für die eigene Macht ist, dann sind wir Frauen jedenfalls viel stärker, viel mächtiger, als wir meinen.

*S.F.:* Diese Macht ist aber doch nur eine sehr relative: Die jahrelange Diskussion über das Thema „Gewalt gegen Frauen" hat zwar, um nur ein Beispiel zu nennen, dazu geführt, daß es heute eine ganze Reihe von Frauenhäusern gibt; die Zahl der mißhandelten und vergewaltigten Frauen aber ist nicht geringer geworden.

*J.D.:* Diese Diskussion hat aber auch dazu geführt, daß wir jetzt daran gehen können, das Sexualstrafrecht zu reformieren. Vor fünf Jahren wären unsere Genossen von dieser Notwendigkeit noch nicht zu überzeugen gewesen. Jetzt aber kann es sich kein Sozialist mehr leisten, inhaltlich dagegen zu sein. Formal-juristische Einwände werden wahrscheinlich noch viele kommen, aber denen können wir begegnen – denn inzwischen gibt es glücklicherweise genügend Juristinnen, die den Männern zumindest auf gleicher Qualifikationsebene begegnen können.

Überdies sind wir gerade dabei, einen ersten gesetzlichen Entwurf zu formulieren, dem zufolge in Hinkunft die prügelnden Männer und nicht die mißhandelten Frauen die eheliche Wohnung verlassen müssen.

Der Anstieg von Gewaltdelikten hat eher damit zu tun, daß Frauen heute darüber reden, daß sie Anzeige erstatten und sich auch die Medienberichterstattung geändert hat. Die Enttabuisierung dieses Themas halte ich für den größten Erfolg dieses Jahrzehnts. Da ist schon eine Sprengkraft vorhanden.

Andererseits: Wenn ich sehe, wie viele Frauen jetzt erwerbslos werden, ihre Existenzgrundlage verlieren, so frage ich mich: Wie wird sich das in zehn, fünfzehn Jahren auswirken? Wie werden die Töchter dieser Frauen sein? Da ist es dann sehr schnell vorbei mit meiner Euphorie.

Ich glaube, wir sollten uns daher auch nicht verzetteln mit Fragen, wo wir denn nun Erfolge zu verzeichnen haben und wo nicht. Wir müssen beinhart weiterarbeiten und viel radikaler werden. Aus taktischen Gründen leisezutreten hat sich noch immer als Fehler erwiesen.

Lis Markart

# LYSISTRATA ODER: DIE WAHLFREIHEIT

## Über die Möglichkeit zum Stören der Ordnung

### Meine Rolle

Lysistrata hat eine Rolle gespielt. Damals, im Jahr 411 vor eurer Zeitrechnung. Der Mann Aristophanes hat sie erdacht. Ein antiker Dichter und Zeitkritiker hat sie zur Titelheldin gewählt, zu einer, die sich wehrt, die die Frauen wachrüttelt.

Wer bin ich für euch?

Nur ein Hirngespinst, eine Papiertigerin? Die Witzfigur, über die Männer zu allen Zeiten gelacht haben? Bin ich als Vorbild erfunden oder als Zerrbild?

Warum bin ich zweitausenddreihundertachtundneunzig Jahre alt und war doch nie lebendig?

Ist da keine, der meine Rolle paßt, gepaßt hat, passen wird? Sind da keine?

Ich erinnere mich: Ich hatte Angst. Nicht nur, weil Krieg war, dieser mörderisch große Peleponnesische Krieg. Ich hatte Angst, zu tun, was ich dachte und sagte. Zu tun, was wir dachten und sagten. Wir, die Frauen, die aus Athen, die aus Sparta, aus Theben, aus Korinth, aus allen Städten und Dörfern und die von den Inseln . . .

Trotzdem hab' ich gewußt, daß ich jetzt handeln muß. Geklagt, angeklagt hatten wir lange genug. Sollten wir alt und grau werden über unserer Opferrolle? Unser ganzes Leben mit Bitten und Warten zubringen? Was wäre das denn für ein Leben?

Ich erinnere mich: Ich hatte Mut. Nicht nur, weil ich nicht viel zu verlieren hatte. Ich nahm meinen Mut zusammen und brach die Brücken hinter mir ab. Wenn's denn nicht anders ging. Heim, Familie, Liebe, Ehrbarkeit – was waren das für Werte, wenn wir sie mit unserer Selbstachtung bezahlen mußten?

Wir setzten alles aufs Spiel. Frauenstreik, gaben wir die Parole weiter. Keine Arbeit mehr für die Krieger, keine Zuwendung mehr für die Söhnchen der Krieger, keine Liebe. So lange, bis ihr Heldspielen, ihr Waffengeklirr, ihre Männerkumpanei ein Ende hätten.

Ich erinnere mich: Ich hatte Kraft. Nicht nur, weil wir sahen, wie viele wir waren. Wir spürten unsere Kraft, als wir wußten, wofür wir sie gebrauchen konnten: Wir hatten die Kraft, gegen die Ehemänner und Geliebten bei unserem Nein zu bleiben.

Wir verbanden ihre Wunden nicht mehr, wir richteten ihnen nicht mehr Tisch und Bett. Wir stellten unser Ultimatum: euer Kriegsspiel oder wir.

Hättet ihr uns nur sehen können, wie wir die Regierungsburg stürmten, wie wir den Staatsschatz droben bewachten, ihre Waffen einsperrten. Wir, ein Haufen unbewaffneter, landläufig schwach genannter Weiber. Aber was für Frauen! Die Befehlshabersgattin neben der Hetäre, die Marktfrau neben der Philosophin, zusammen hielten wir stand. Mit unserer Entschlossenheit überzeugten wir Wächter, Soldaten, Demagogen.

Ihr nachgeborenen Frauen, ihr hättet erleben sollen, wie ernst wir mit einem Schlag von denen genommen wurden. Wie die Männer um Erbarmen bettelten, als sie merkten, wozu wir fähig waren.

Den Frieden schlossen wir Frauen zu *unsern* Bedingungen.

Und eure Rolle?

Denkt nicht, Frauen, daß nur Kriegsnot erfinderisch macht. Habt ihr im sogenannten Frieden der Männer so viel mehr zu verlieren als wir damals im Krieg?

Eure Geliebten womöglich, die sich heut' Partner nennen, ohne daß sie es sein wollen? Eure Freunde, Kollegen, Brüder, die euch hinhalten? Haben die verstanden, was ihr wollt, fast 2400 Jahre später? Haben sie euch ernst genommen, euch genug Platz gemacht, eure Rechte gelten lassen?

Auf was wartet ihr? Auf noch einmal 2400 Jahre? Auf ein bißchen weniger Gewalt, ein bißchen mehr Mitsprache, ein paar Rechte mehr? Auf herablassendes Lob für eure Arbeit, eure Liebesmüh?

Die Rolle der Opfer, der Ohnmächtigen, der Bittstellerinnen steht euch nicht mehr, nicht am Ende eures aufgeklärten 20. Jahrhunderts.

Ihr könntet, wenn ihr wolltet.

Wollt ihr nicht, nicht wirklich?

Immer wieder morgen oder vielleicht übermorgen?

Ihr grabt nach Erinnerungen an Urgöttinnen und zu Staub zerfallenen besseren Welten. Ihr tanzt euch weg aus der Gegenwart, träumt euch in euer Utopia. Ihr verkleidet euch mit des Kaisers alten Kleidern, als wäre sein Modell der neuen Weiblichkeit der letzte Modeschrei. Ihr laßt euch zurückstellen aus dem Leben draußen, das sich Gesellschaft nennt, oder Beruf, Politik, Öffentlichkeit oder wie auch immer. Wo Entscheidungen ohne euch über die Bühne gehen, versteckt ihr euch hinter einzelnen Frauen, die eure Klagen vertreten sollen.

Seid ihr nicht Millionen und Millionen?

Warum droht ihr dann nicht und laßt keinen Zweifel, daß ihr eure Drohungen wahr macht?

Ich stelle mir 2400 Jahre nach meiner Zeit endlich vor:

Das Jahr 2001, das erste Jahr des angesagten Neuen Zeitalters, erklären die Frauen des Landes zum ersten Jahr ihres Streiks. Sie nennen ihren Streik befristet und das letzte Mittel.

Mit der Liebe ist es vorerst vorbei, zumindest mit der zwischen Frauen und Männern. Die alte, neue Mütterlichkeit kommt aus der Mode.

Mit der Hausarbeit drinnen und der Erwerbsarbeit draußen ist es vorerst vorbei. Doppelt-, dreifachbelastete Väter und hungrige, verwahrloste Partner verlieren den Verstand noch schneller als erwartet.

Mit der weiblichen Sozialarbeit ist es vorerst vorbei. Nachtgeschirrleerende Chefärzte und altenpflegende Caritasdirektoren wissen nicht, wo ihnen der Kopf steht.

Mit dem Bedientwerden durch Sekretärin, Verkäuferin, Assistentin ist es vorbei. Jeder Betrieb, jeder Laden, jede Behörde, jede Regierung bricht zusammen.

Mit eurer Angst ist es vorbei. Ihr habt Kopf und Hände frei für eure eigene Sache.

Mit eurer Geduld ist es endgültig vorbei.

Ihr könntet endlich eure Bedingungen stellen.

Das ist meine Utopie von eurer Rolle. Meine Utopie ist 2400 Jahre alt.

MARGARETE BAUSE, geboren 1959. Studium der Germanistik und Soziologie. Mitarbeit beim Aufbau von Frauenstudien München. Drei Jahre Frauenreferentin der Grünen, seit Oktober '86 Abgeordnete der Grünen im Bayerischen Landtag. Frauenpolitische Beiträge u.a. in „Grüne Zeiten". Lebt in München.

SABINE CSAMPAI-BOETTGE, geboren 1952, Bühnenbildnerin. Alleinerziehende Mutter, 2 Töchter. Stadträtin der Grünen-Fraktion in München. Schwerpunkte der Rathausarbeit: Politik für Frauen, Soziales, Gesundheit, Kreisverwaltung.

JOHANNA DOHNAL, geboren 1939, Industriekauffrau. Staatssekretärin für allgemeine Frauenfragen im österreichischen Bundeskanzleramt. Vizepräsidentin der 3. UNO-Weltfrauenkonferenz 1985 in Nairobi.

SUSANNE FEIGL, Dr. phil., geboren 1945. Studium der Germanistik und Kunstgeschichte. Journalistin und Publizistin, u.a. frauenpolitische Veröffentlichungen. 1974-1984 Chefredakteurin der sozialistischen Wochenzeitschrift „Neue Frau".

MARIANNE GRABRUCKER, geboren 1948, Juristin und Autorin. Frauenbeauftragte der Regierung von Oberbayern. Beiträge in „Psychologie heute", in Frauenzeitschriften und juristischen Fachpublikationen, u.a. zum Thema Frauen und Recht sowie männliche Rechtssprache. Bücher: „Typisch Mädchen. Prägung in den ersten drei Lebensjahren. Ein Tagebuch", 1985, „Vom Abenteuer der Geburt. Die letzten Landhebammen erzählen", 1988. Lebt bei München.

KARIN HEMPEL-SOOS, geboren 1939, Journalistin, Lyrikerin, Kabarettistin. Aktiv in der Arbeitsgemeinschaft Sozialdemokratischer Frauen (ASF) und bei den Gewerkschaftsfrauen. Mitbegründerin eines der ersten Frauenhäuser in der BRD. Lebt in Bonn.

ANNE ROSE KATZ, geboren 1923. Studium der Theaterwissenschaft, Kunstgeschichte und Germanistik. Kritikerin (z. B. der „Süddeutschen Zeitung") und Schriftstellerin. Fernsehspiele, Theaterstücke, Bücher, u. a. „14 Mutmaßungen über das Fernsehen", 1963, „Ich mach mir mein eigenes Licht", 1983. Lebt in München.

JENNY KIEN, Dr. rer. nat. habil., geboren 1948 in Sydney. 1973 Promotion in Neurobiologie an der Australian National University. Seitdem in der BRD. 1980 Habilitation in Zoologie. Angestellt auf Zeit an der Universität Regensburg. Arbeiten u. a. über Frauen in der Naturwissenschaft und feministische Kritik der Biologie. Aktiv in der Initiative der habilitierten Frauen der Universitäten Bayerns.

LIS MARKART, geboren 1933, Philologin, Journalistin. Schreibt und arbeitet für die Ziele der Frauenbewegung.

EUGENIE MARLITT d. J., Adoptivname der Herausgeberin. Hier ausgeborgt zur Erinnerung an die Herz-Schmerz-Autorin der „Gartenlaube".

LUISE F. PUSCH, Prof. Dr., geboren 1944. Professorin für Sprachwissenschaft. Bücher und Aufsätze zur Grammatik des Deutschen, Englischen, Italienischen, Lateinischen. Seit 1979 Forschungsschwerpunkt feministische Linguistik. Bücher: „Feminismus. Inspektion der Herrenkultur" (Hg.), 1983; „Das Deutsche als Männersprache: Aufsätze und Glossen zur feministischen Linguistik", 1984; „Schwestern berühmter Männer: Zwölf biographische Portraits", 1985; „Berühmte Frauen. Kalender für 1988". Lebt in Hannover.

HELGA SCHWEIGERT, geboren 1944, Gymnasiallehrerin. Unterrichtet Fremdsprachen in der Erwachsenenbildung des beruflichen Schulwesens in München. Mitbegründerin und seitdem Mitarbeiterin von Frauenstudien München.

BRIGITTE SELLACH, geboren 1943, Sozialarbeiterin und Soziologin. Mitarbeiterin am Institut für Sozialarbeit und Sozialpädagogik in Frankfurt. Autonome Stadtverordnete in der Fraktion der Grünen im Römer. Lebt und arbeitet mit Frauen.

LYDIA WILLKOP, geboren 1933, Historikerin und Altphilologin, Verlagsredakteurin. In den 60er und 70er Jahren Kabarett- und Chansontexte, Satire, politische Stücke und Bücher (u. a. „An den Quellen deutscher Lust", 1968). Seit 1976 feministische Beiträge für Zeitungen und Zeitschriften. Mitbegründerin des autonomen Frauenhauses in München und von Frauenstudien München.

ERIKA WISSELINCK, geboren 1926, Journalistin und Publizistin. Langjährige Studienleiterin der Evangelischen Akademie Tutzing. Dozentin an Volkshochschulen, Akademien u. ä. Übersetzerin von Mary Daly („Gyn/Ökologie" und „Reine Lust") und Janice G. Raymond („Frauenfreundschaft"). Autorin von „Frauen denken anders", 1984, und „Hexen. Warum wir so wenig von ihrer Geschichte erfahren und was davon auch noch falsch ist", 1986. Mitherausgeberin von „Mit Mut und Phantasie", 1987. Lebt bei München.

# Reihe „Frauenoffensive aktuell“

bisher erschienen: